# Home Smart Home

*für Annette*

# Home Smart Home
*Wie wir wohnen wollen*

Oliver Herwig

Birkhäuser
*Basel*

# Was zählt beim Smart Home?

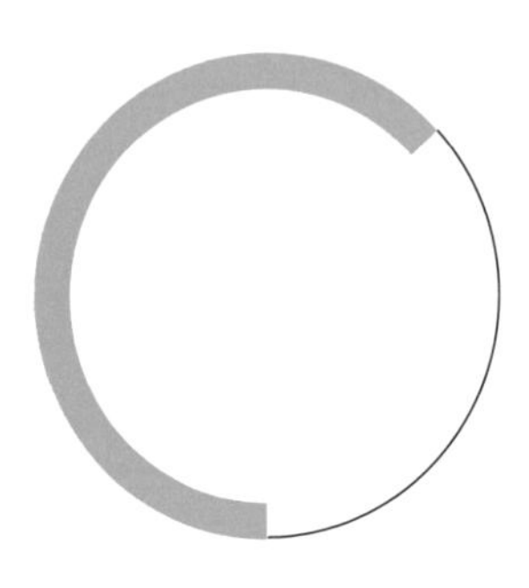

*Benutzerfreundlichkeit*
63 %

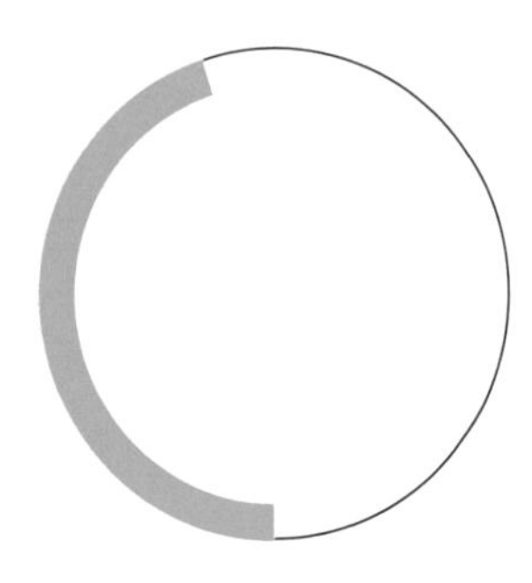

*Kostenaufwand*
45 %

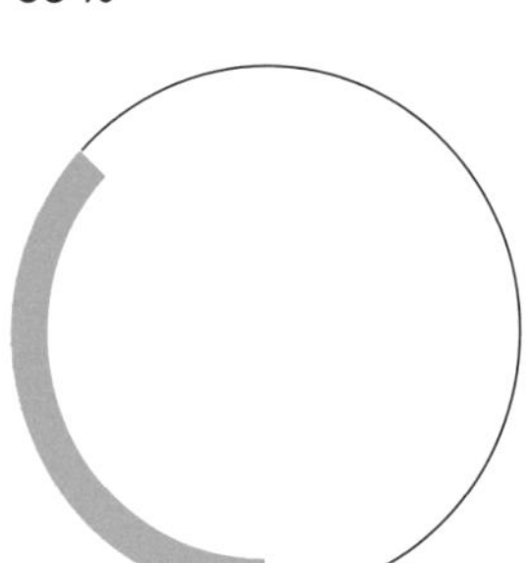

*Datensicherheit*
37 %

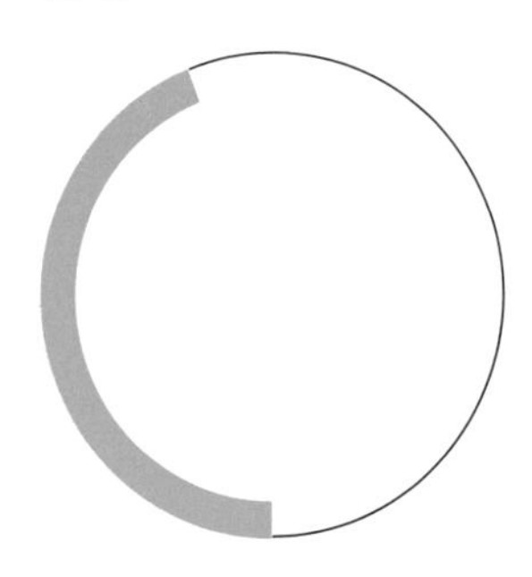

*Gutes Testergebnis*
44 %

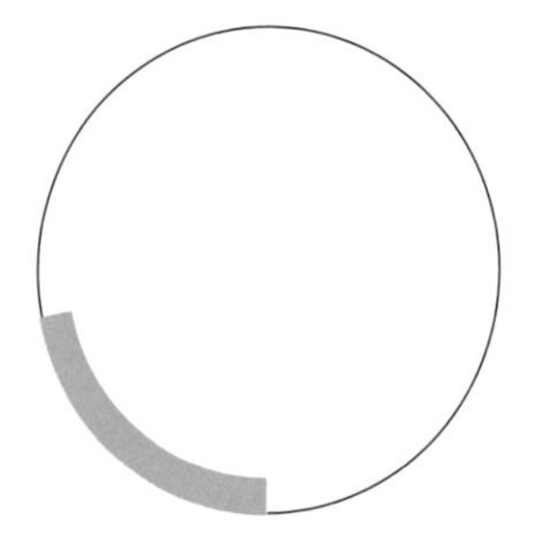

*Sprachsteuerung*
22 %

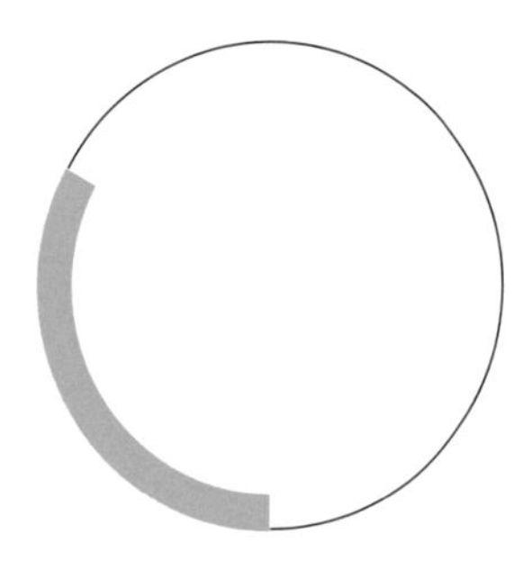

*Kompatibilität*
33 %

# Das hybride Heim
## *Wohnungssuche*

„Ja, das möchste:
Eine Villa im Grünen mit großer Terrasse,
vorn die Ostsee, hinten die Friedrichstraße;
mit schöner Aussicht, ländlich-mondän,
vom Badezimmer ist die Zugspitze zu sehn –
aber abends zum Kino hast dus nicht weit."

Kurt Tucholsky
*Auszug aus Gedicht Das Ideal*
1927

Tucholskys „Ideal“[1] ist in seiner wundervollen Maßlosigkeit erstaunlich gegenwärtig. Bald 100 Jahre nach seiner Veröffentlichung bildet die Wohnungsfrage erneut die Bruchlinien einer Gesellschaft im Wandel ab. Wir leben weltläufiger und individueller, diverser und schneller denn je. Kein Wunder, dass vieles verschwimmt: Räume und Vorstellungen, Träume und Gewissheiten. Was lange getrennt war, kommt nun unvermittelt zusammen: Arbeit und Freizeit, Öffentliches und Privates. Zimmer werden Kollisionsräume für widersprüchliche Vorstellungen. Wir betreiben zu Hause ein agiles Miniaturbüro und sehnen uns nach den Annehmlichkeiten eines Hotels. Und während die Welt in die eigenen vier Wände schwappt, wir uns medial entgrenzen, müssen wir mit den Zwängen überkommener Grundrisse und knapper Flächen zurechtkommen.[2]

Willkommen im hybriden Heim, in dem sich monofunktionale Zimmer mit jenen Ritualen auflösen, für die sie lange Zeit reserviert waren – wie dem gemeinsamen Fernsehabend. Wohnen ist im Wandel. Es entstehen Räume ohne klare Zuordnungen, Wohnküchenarbeitszimmer, die mal italienisches Restaurant sind, mal Fanblock eines geteilten Fußballstadions, mal der Ort für die Hausaufgaben. Die Gründe dieser Metamorphose sind zahlreich, vor allem aber monetär: Steigende Mieten[3] zwingen Stadtbewohner zusammenzurücken und die wenigen Quadratmeter effizient zu nutzen. Mehr und mehr Menschen probieren freiwillig oder notgedrungen eine Wohngemeinschaft für Erwachsene.[4] Das muss nicht unbedingt Co-Living heißen, eine Variante des Co-Working, bei der frau/man eine Wohnung mit wechselnden Teams auf Zeit teilt: viele schätzen eine Gemeinschaft mit persönlichen Rückzugsmöglichkeiten, offener Wohnküche und schaltbaren Gästezimmern, in denen das übergroße Sofa schon halb auf dem Balkon parkt.

Die Vorstellungen vom Wohnen sind ins Rutschen gekommen. Wieder einmal. Einst versprach die Moderne Fortschritt durch Hygiene – und setzte Standards wie fließend Wasser, Zentralheizung, Kochnischen und Nasszellen. 1927 hieß das Projekt beispielsweise Werkbundsiedlung Stuttgart. Ludwig Mies van der Rohe propagierte, dass sich „ein neues Wohnen über die vier Wände hinaus auswirken“[5] werde. Bauen und Wohnen waren Ausdruck und Katalysator der gesellschaftlichen Modernisierung. Um Mies van der Rohes Eröffnungsworte der Bauausstellung zu zitieren: „Der Kampf um die Neue Wohnung (ist) nur ein Glied in dem großen Kampf um neue Lebensformen.“ Mies machte klar, dass die „Probleme der Neuen Wohnung“ in der „veränderten materiellen, sozialen und geistigen Struktur“ der Zeit lägen. Ähnlich können wir heute argumentieren, wenn auch das 21. Jahrhundert Herausforderungen neuer Dimension kennt: Klimawandel und digitale Disruption. Und noch etwas verbindet die Zwanzigerjahre des zwanzigsten Jahrhunderts mit den unseren: Es fehl(t)en Wohnungen. Die Baumeister des Roten Wien und des Neuen Frankfurt begegneten der Wohnungsnot durch kosteneffizientes Bauen, die der Weißenhofsiedlung[6] experimentierten mit Skelettkonstruktionen und Fertigteilen, während heutige Architekten und Architektinnen modulare Systeme, Vorfertigung in der Fabrik und digitale Bauprozesse proben. Sie sollen zudem energieeffizient planen, nachhaltig, rezyklierbar und systemisch (Cradle-to-Cradle).

Heutiges Wohnen muss widerstreitende Nutzungen und Wünsche auf begrenztem Raum arrangieren: Beziehung und Arbeit, Familie, Schule und Freunde – mit dem Mobilgerät als zentraler Steuereinheit des Smart Home. Online-Angebote ersetzen Bücherwände und CD-Kollektionen, während die fortschreitende Digitalisierung über die De-Materialisierung von Dingen hinausgreift: Begriffe von innen und außen, Arbeit und Freizeit, Ich und Welt verwirbeln. In der Folge verändert sich die Balance von Privatheit, ja Intimität und Öffentlichkeit – und die Art, wie wir uns medial präsentieren.

Wenn das moderne Wohnen aus soziologischer Perspektive auf vier Säulen ruhte: sozial als Ort der Zweigenerationen-Familie, funktional als Ort von Freizeit und Reproduktion, sozialpsychologisch als Sphäre von Intimität und ökonomisch als käufliche oder vermietbare Ware[7], so steht jetzt lediglich noch der letzte Pfeiler – das Wohnen in der Immobilie. Alles andere ist im Fluss. Dieser Umbruch kommt nicht von ungefähr. In der entgrenzten Wohnung spiegelt sich eine entgrenzte Gesellschaft, die agiles Arbeiten und Denken rund um die Uhr (24/7) ins Haus holt, in der Familie nicht mehr das Standardmodell sieht und die das Private, manchmal sogar das Intime sendefähig macht. Zimmer werden multifunktional, wandeln sich zu chamäleonartigen Zonen – oder sterben aus.

Es gibt aber auch Hoffnung, sobald wir die Wohnzelle verlassen und die Stadt als erweitertes Wohnzimmer begreifen.[8] Leben findet auch draußen statt, im Café, auf der Parkbank und auf der Straße, die sich langsam von der Dominanz des Autoverkehrs und der reservierten Parkbuchten befreit – oder eben in den Weiten des Netzes und der sozialen Medien. Wer in einer Kleinst- oder wie man heute sagt: Mikrowohnung lebt, muss sich notwendigerweise auch öffnen. Flexibler Zusatzraum ist gefragt: Gemeinschaftsangebote, geteilte Partyküchen und Dachterrassen, die sich den jeweiligen Wünschen anpassen. Hier findet reale Vernetzung statt, hier treffen sich Nachbarinnen und Nachbarn, die sonst nur das Paket von der fremden Haustür abholen. So kann Gemeinschaft entstehen, mitunter sogar Freundschaft. Alles andere ist digital.

# Immer mehr Menschen nutzen Smart Home Anwendungen

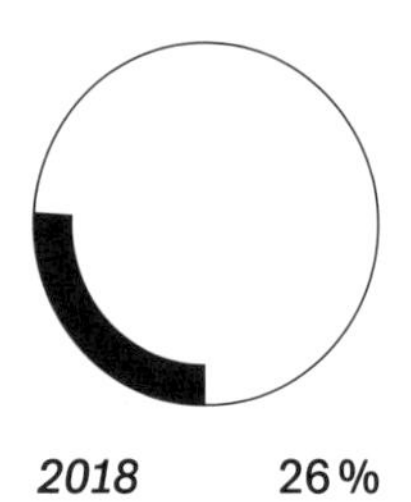

*2018* 26 %

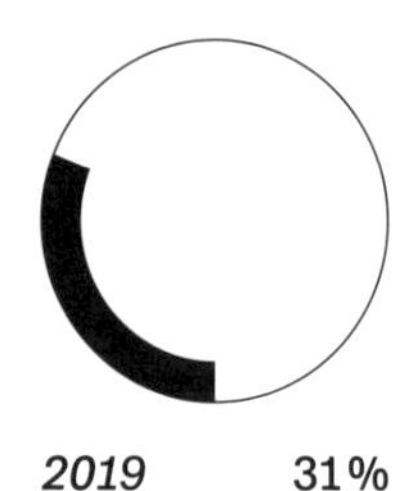

*2019* 31 %

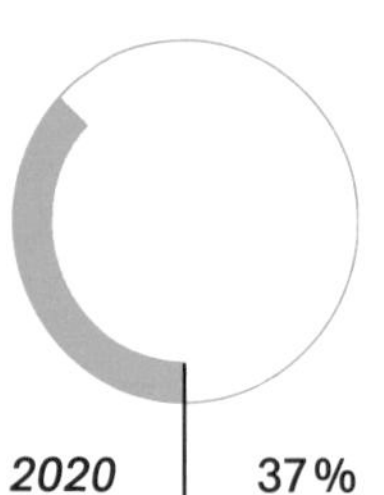

*2020* 37 %

*16 – 29 Jahre*
43 %

*30 – 49 Jahre*
45 %

*50 – 64 Jahre*
49 %

*ab 65 Jahren*
13 %

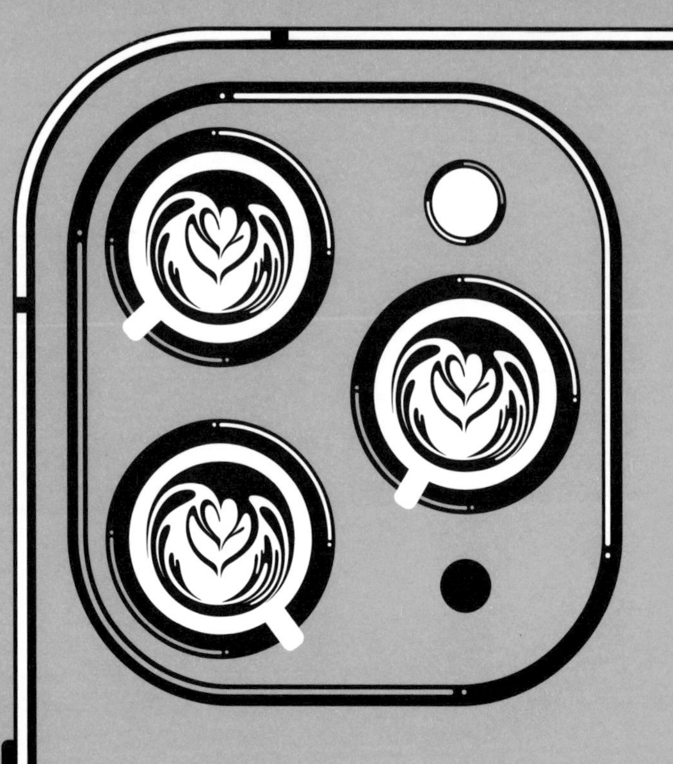

# Privat war gestern: *Die Instagram-Wohnung*

Aufräumen fällt den meisten nicht gerade leicht. Heute ist es freilich Pflicht für alle, die in sozialen Netzwerken ein gutes Bild abgeben wollen. Wer zeigt schon freiwillig ein zugemülltes Zimmer, den verwelkten Blumenstrauß, Unterwäsche oder Staubflusen hinter der halb geöffneten Tür? Einrichtungsfragen werden schnell zu Moralfragen, je mehr Bilder scheinbar perfekter Wohnungen durchs Gesichtsfeld flattern. Plattformen wie Instagram oder Pinterest prägen unsere Vorstellung, wie es auszusehen hat. Hell, aufgeräumt, designlastig und mit dem gewissen Etwas, das uns schließlich von allen anderen unterscheiden soll. Die ungebrochene Bedeutung „kultureller Distinktion“ hat zuletzt eine Studie verdeutlicht, die Boris Holzer so zusammenfasste: offen für „unterschiedliche Formen kultureller Produktion“ zu sein und dabei gewissermaßen die Trennung von „High“ und „Low“ über Bord zu werfen. Triviales steht neben Anspruchsvollem, allerdings sollten im Diskurs jeweils die richtigen Kategorien benannt werden, also etwa bei Serien wie „Breaking Bad“ oder „Mad Men.“[9] Distinktion erfolgt durch die richtigen Codes.

Alle machen mit. Mittlerweile zeichnet sich freilich ein ähnlicher Effekt ab wie bei nachbearbeiten Bildern von Stars und Prominenten, deren optimierte Erscheinung Normalsterbliche oft alt aussehen lässt und den Wunsch nach drastischen Schönheitskorrekturen weckt. Plötzlich sehen wir nur noch Ecken, die wir besser nicht posten. Wer sich dauernd messen muss mit den Inszenierungen anderer, wird entweder selbst zum Aufräum- und Gestaltungsprofi oder steckt in Erklärungsnot. Tisch gewischt? Abfall entsorgt und das Bild geradegerückt? Wenn sich nach einer aktuellen Studie der MaLisa Stiftung 71 Prozent der auf YouTube aktiven Frauen in ihrer eigenen Wohnung zeigen,[10] öffnet das Türen ins Innere von Menschen. Das geht über Styling oder einige lässig ausgebreitete Coffee Table Books auf dem Beistelltisch hinaus, ganz zu schweigen von Weihnachtsdeko, die angeblich glücklich machen soll[11]. All das gleicht einem Gestaltungsauftrag bei permanenter Erfolgskontrolle via Internet, das inzwischen 94 Prozent der deutschsprachigen Bevölkerung ab 14 Jahren „zumindest gelegentlich“[12] nutzen. Vergleichen macht in der Regel nicht glücklicher. Like it or not. „Man braucht ein perfektes Bild, und dafür braucht man manchmal 20 Anläufe, und das ist so nervig", zitiert die Studie eine Instagram-Nutzerin. Einzelfall? Wohl kaum. Ein Ergebnis kollektiver Selbstinszenierung: Wir werden offenbar immer gleichförmiger[13] und leiden, wenn uns Likes vorenthalten werden.

Nicht jede(r) ist schließlich geborene(r) Selbstdarsteller(in). In dieser Hinsicht ließe sich einiges von Profis wie Ludwig XIV. lernen, der Versailles als offene Bühne entwarf, in der er sich als Hauptdarsteller seines eigenen Lebens bewegte – wie ein spiegelverkehrter Vorfahre der Truman Show. Da wundert es nicht, dass die Staffage der Kostümstücke wieder Einzug hält in unser Denken, etwa wenn wir die Blickfelder der nächsten Videokonferenz geschickt über Spiegel und Perspektiven in den Raum lenken – und zurück zu uns. Der Sonnenkönig wählte nicht umsonst das Schlafgemach, um Körperliches und Staatstragendes zu verbinden. Das Bett war sowohl Regenerationsgerät wie symbolisches Zentrum Frankreichs. So war es nur konsequent, dass das allmorgendliche „Lever du Roi" als Staatsakt begangen wurde, begleitet von Prunk und Ritualen. Das herrschaftliche Paradeschlafzimmer klingt noch in John Lennons und Joko Onos genialer „Bed-in"-Performance von 1969 oder Beyoncés Auftritt im Schlafzimmer[14] nach – und heute natürlich bei allen YouTube-Spezialisten. Es geht um Reichweite und Klicks, manchmal sogar noch um Einschaltquoten. Die Vermischung von Privatem und Intimem mit Geschäft ist strategisch, ebenso wie gezielte Indiskretionen, wenn der Empfang stimmt – damals wie heute ein gesellschaftliches Ereignis.

Die Wohnung ist längst eine Gemengelage aus Weltzugang und Weltabschluss, ein Formwandler, der alles zugleich sein soll – und nicht mehr nur privat. Wir teilen sie mit Partnern, Freunden und Followern, manchmal sogar noch mit der Familie. Auf jeden Fall aber mit dem virtuellen Büro, das weder Stechuhren noch Türen mehr kennt, sondern immer und überall aktiv sein kann. Zugleich exponieren wir uns freiwillig in den sozialen Medien.

Das Private, im Wortsinn Abgesonderte,[15] gibt es so nicht mehr, und auch das Grundrecht der „Unverletzlichkeit der Wohnung“[16] scheint in der Lebenspraxis zumindest teilweise ausgehebelt – und das mehr oder weniger freiwillig. MoMA-Kurator Terence Riley hat das Elend der digitalisierten Welt bereits vor über zwei Jahrzehnten mit einer bahnbrechenden Ausstellung vorweggenommen: „The Un-Private House“[17] hieß seine Betrachtung einer neuen Repräsentationskultur. Heute könnten wir das Argument von 1999 erweitern und behaupten: The Un-Private Home hat die Qualität verloren, die es lange auszeichnete: Schutz. Das Heim, das Zuhause war immer mit der Vorstellung verbunden, die Tür hinter sich schließen zu können und damit auch die Welt (der Arbeit und der Anderen) auszuschließen – wenigstens für einen Abend und eine Nacht. Das Arbeitszimmer war eher Statussymbol als Notwendigkeit. Das hat sich geändert, und zwar gründlich.

Das Seelenleben ist nicht mehr trennscharf abzugrenzen von der Welt – und das hat nicht nur damit zu tun, dass überall Mobilgeräte herumliegen, kleine Bildschirme und noch kleinere Sensoren. Wir selbst haben uns verändert, unsere Einstellung dazu, nun auch das Private, manchmal sogar das Intime in die Welt zu pusten – oder zu posten. Wir twittern, chatten und vernetzen uns ständig. Geschäftlich wie privat. Wo das eine aufhört und das andere beginnt, ist nicht mehr klar zu sagen. Das Netz ist mit seinen Schnittstellen jedenfalls ständig präsent. Wenn wir wollen, können wir live aus dem Schlafzimmer berichten – zu jeder Tages- wie Nachtzeit. In Screwball-Komödien wurden Liebespaare ständig vom Telefon gestört und kamen nur unter erschwerten Bedingungen zusammen; James Bond griff noch im Liebesakt zum Hörer. Heute kennen wir die Situation: Das Außen lässt sich nicht mehr ausschalten, wir können uns höchstens kurz ausklinken und auf Stand-by gehen. Die medialisierte Welt beseitigt die traditionelle Sender-Empfänger-Rolle. Wir empfangen und senden zugleich, sprechen ins Tablet und checken doch insgeheim, ob alles sitzt – von der Garderobe bis zum Hintergrund, dem Stückchen Wohnung, das immer wieder gezielt aufblitzt.

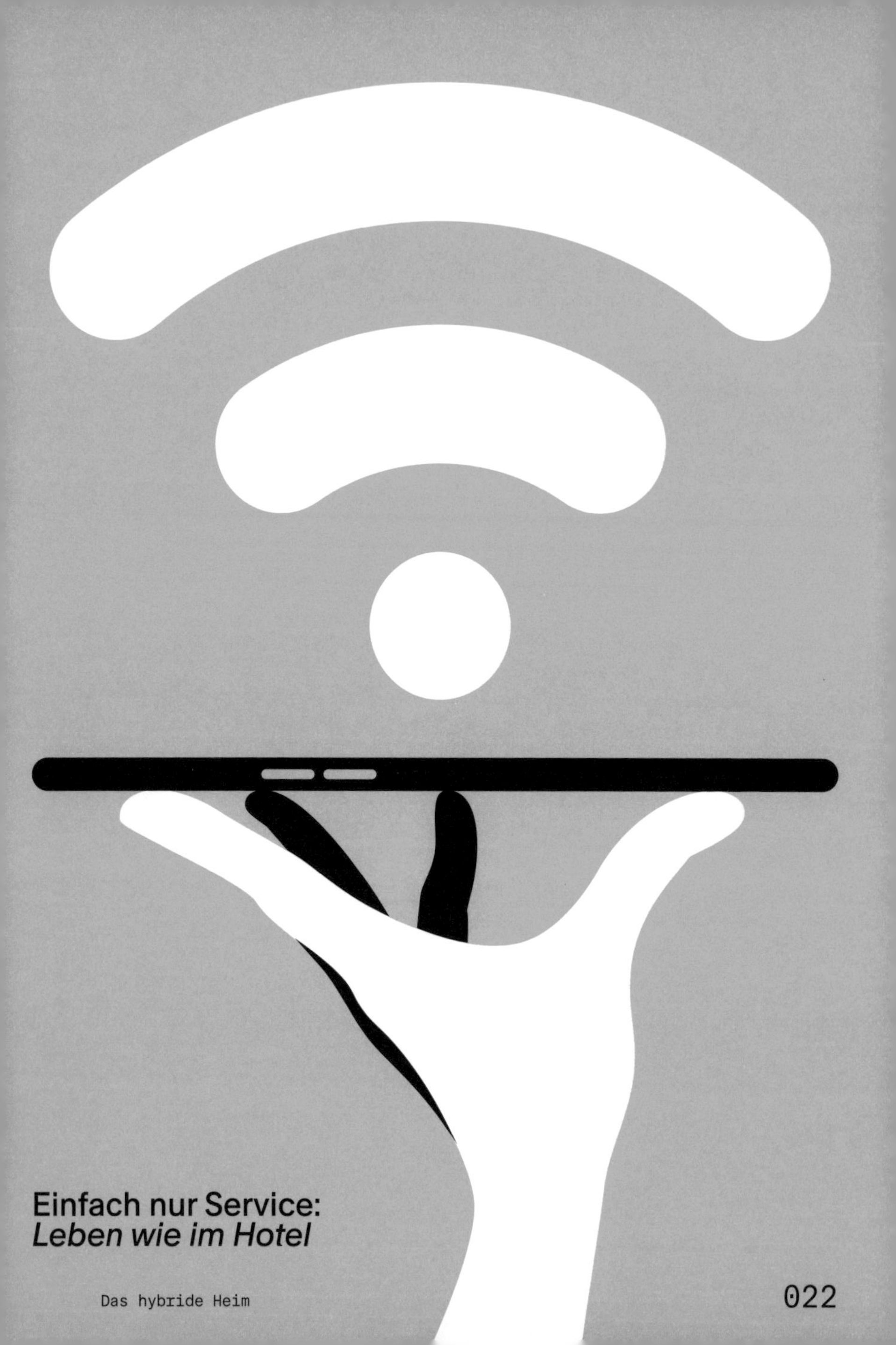

# Einfach nur Service: *Leben wie im Hotel*

Wahrscheinlich ist es eine Sucht, vielleicht sogar noch viel schlimmer. Wir sehnen uns nach einem Stück Luxus im durchgetakteten Alltag der Termine und To-do-Listen. Mehr Convenience, mehr Service. In den letzten Jahren lässt sich eine schleichende Hotelisierung[18] des Wohnens beobachten. All das, was wir zwischen Rio, Rom und Rimini liebgewonnen haben, holen wir Stück für Stück in die eigenen vier Wände – das sind Dinge, vor allem aber Stimmungen. So unterschiedlich diese Home-Hotels im Einzelnen auch ausfallen, drei Charakteristika kehren immer wieder: Einfachheit, die betont lässig daherkommt. Höchster Komfort, der meist erst auf den zweiten Blick zu spüren ist (durch Dolby-Surround-Klang auch im Bad und punktgenaue Lichtsteuerung im Gang) und unaufdringlicher Service. Wir wollen uns einfach nicht mehr mit Bügeln und Einkaufen herumschlagen, wenn es dafür Lieferdienste gibt, die wir jederzeit buchen können, wohl wissend, dass die neue persönliche Freiheit durch teils fragwürdige Arbeitsbedingungen der neuen Dienstboten erkauft wurde.[19] In der Summe wird aus dem Einrichtungsstil eine Lebenshaltung, die sich in aufgeräumten, perfekt inszenierten Insta-Posts entlädt.

Vor Corona und den alltäglichen Videokonferenzen waren wir dauernd auf Achse – trotz Klimawandel. Geschäftlich oder einfach mal den Weekender über die Schulter geworfen und ab zum Flughafen. Doch dieses Gefühl trägt bis in die eigenen vier Wände. Dafür sorgen schon die Bilder, die wir selbst posten oder auf Plattformen finden. Ihre Dauerpräsenz prägt den Blick für das, was wir als schön und als normal empfinden. Früher galt eine Psychologie des Erwerbs. Der Urlaub wurde durch Souvenirs in den Alltag eingewoben, durch Bilder und jede Menge Kopfkino.[20] Viele investieren in Erlebnisse und Bilder, auch weil jeder Urlaub in den sozialen Netzwerken nachweht. Hier ein Instagram-Bild, dort ein flotter Tweet, und auf Handy und Rechner Gigabyte von Daten. Bilder sind zur härtesten Statuswährung geworden. Von dieser „Experience Economy“[21] schrieben B. Joseph Pine II und James H. Gilmore bereits 1999. Ihre These: Wir kaufen Glückserfahrungen, da wir alles andere bereits besitzen. Diese machen wir bevorzugt auf Reisen. Und darin sind Mitteleuropäer geübt. Das helvetische Bundesamt für Statistik meldet, dass im Jahr 2019

„jede in der Schweiz wohnhafte Person durchschnittlich 2,9 Reisen mit Übernachtungen und 10 Tagesreisen“[22] unternahm, zwei Drittel dieser Touren führten übrigens ins Ausland.

Urlaub befreit von Gedanken und Gegenständen gleichermaßen. Da war doch dieses B&B mit Blick über die Felsenküste von – sagen wir – Polignano a Mare. Die Dünung, die kühle Brise, die frische Luft in einem Raum, der im Grunde nur aus einem Bett bestand mit einer hohen Decke. Der Schrank war ein geschmiedeter Winkel, an dem die Kleider baumelten, alles andere verschwand in einem Container, der irgendwie ins Bett überging. Mehr Möbel brauchte es nicht. So lässig könnte es auch daheim zugehen. Der Luxus der Einfachheit, befeuert durch einige Tage am Meer. Eine Untersuchung der Boston Consulting Group von 2014 belegt, dass solche Luxuserfahrungen („luxury experiences“) immer wichtiger werden[23]. Man sollte sich das auf der Zunge zergehen lassen: Erfahrungen schlagen tendenziell Güter, Erlebnisse überflügeln das bloße Anhäufen von Gütern. Dieser Wertewandel ist nicht unbedingt nachhaltig: Neue Erfahrungen am Hindukusch oder ein Retreat im Outback von Australien können durchaus negative Auswirkungen auf die persönliche Ökobilanz haben.

Besonders einem Magazin ist es zu verdanken, dass sich die halbe Welt zwischen Kakao und Perlmutt eingerichtet hat: Der Wallpaper*-Stil schwappt über Reisen zurück ins Wohnzimmer, zusammen mit raffinierten Trends und gedanklichen Schnappschüssen. Luxus-Resorts zelebrieren längst Naturmaterialien, Stein und Holz. Dazu kommt, dass wir längst hinter die Kulissen blicken wollen und in Rom wie die Römer leben wollen, am besten in einem gemieteten Apartment mit Blick auf das Pantheon, inklusive jener Patina, nach der wir uns in schnelllebigen Zeiten sehnen, da sie Entschleunigung verspricht und ein Stück Beständigkeit. Ein anderer Weg heißt kluge Einfachheit. Selbst Hotelketten zeigen, dass man durchaus in der Lounge leben kann. Es reichen einige Klassiker wie Arne Jacobsens Egg Chair oder eine bequeme Ledersofalandschaft mit Bar und gutem Milchkaffee, während das Zimmer von Servicekräften schon wieder aufgeräumt wird. Rundumversorgung heißt eben Konzentration auf das Wesentliche: das Leben.

Mit jeder Reise stellt sich die Frage nach dem Heim und seiner Einrichtung: Das Leichte, Luftige der Urlaubstage schwappt in den Alltag – mit lichten Stoffen, leichtem Mobiliar, hellen Farben, perfekter Technik und gestiegenen Erwartungen an den Service. Sind Hotels der neue Maßstab gehobener Innenarchitektur? In der Kombination von gut gestaltetem Interieur und makellosem Service öffnet sich jedenfalls ein Markt, der die Grenzen zwischen dem Standard-Hotelzimmer alter Prägung, ultraindividuellem Airbnb und eigenem Heim verschwimmen lässt. Boardinghouses oder Serviced Apartments, möblierte Wohnungen für Wochenendpendler und Zeitarbeiter, Vielflieger und Angestellte auf dem Sprung zum nächsten Karriere-Einsatz irgendwo – sie kombinieren die Annehmlichkeiten des Hotels (Wäsche, Reinigung, Anonymität) mit den Vorteilen des eigenen Heims. Ihnen wird ein großes Wachstumspotenzial zugesprochen, konkret: Steigerungsraten von bis zu 48 Prozent bis 2021.[24] Mehr als die Hälfte der über 6 000 von Statista[25] befragten Unternehmen nutzt sie für Geschäftsreisen. Ein Marktbericht der Austria Real sieht darin den Ausdruck eines „gesellschaftlichen Wandels“: den Wunsch nach „flexiblen, individuellen und möglichst kostengünstigen Wohnformen.“[26] Dass die Zwitter aus Hotel und eigener Wohnung so gut ankommen, hat einen Grund: Sie nehmen uns Verantwortung ab.

Viel bemerkenswerter aber ist, wie wir als Dauerreisende unsere Vorstellungen vom Heim verändern. Die Bildwelten bewegen sich zwischen ostentativer Lässigkeit, unsichtbarem Komfort und Service, der uns die Wünsche von den Augen abliest. Das bedeutet eine Rundumversorgung, wie sie es früher nur bei Mama gab – ohne erhobenen Zeigefinger, womöglich dafür mit Butler und Chauffeurservice. In Hamburg baute Xing-Gründer Lars Hinrichs das „Apartimentum“, ein hoch vernetztes Leben und Wohnen für die Expats unserer Zeit. Hinrichs vermietet „Kubikmeter Lebensqualität“.

Das personalisierte Hotel zeigt, wie flexibel wir beim Zuhause geworden sind. Auch wenn Corona manche Bewegung deutlich verlangsamt hat, gilt: Wir wohnen immer öfter an immer mehr Orten. Und die können dann ruhig so aussehen wie ein Serviced Apartment. Hauptsache, der WLAN-Empfang stimmt. Multilokalität nennen es Soziologen, wenn immer mehr Menschen zugleich mehrere Wohnorte haben, und zwar nicht nur Ingenieure mit Wohnung in Bern und Arbeitsort Basel, sondern auch Handwerker aus Sachsen, die beispielsweise am Flughafen Berlin-Brandenburg arbeiten. Freiwillig oder nicht: Wir sind beweglicher geworden: Traditionelle Familienstrukturen – Vater, Mutter, Kind(er) – schwinden; in manchen Metropolen leben teilweise nur 18 Prozent der Haushalte als Familien, sagt Christine Hannemann vom Institut Wohnen und Entwerfen der Universität Stuttgart. Ihr Fachgebiet ist die Architektur- und Wohnsoziologie. Und obwohl Familie nach wie vor ein hoher Wert sei, beanspruche „die klassische Kernfamilie nur noch eine geringe Zeit im Lebenszyklus. Bei einer Lebenszeit von 96 Jahren vielleicht noch 25 Jahre.“[27] Das hat natürlich Auswirkungen: auf die Art, wie wir wohnen, was als normal gilt – und was als erstrebenswert.

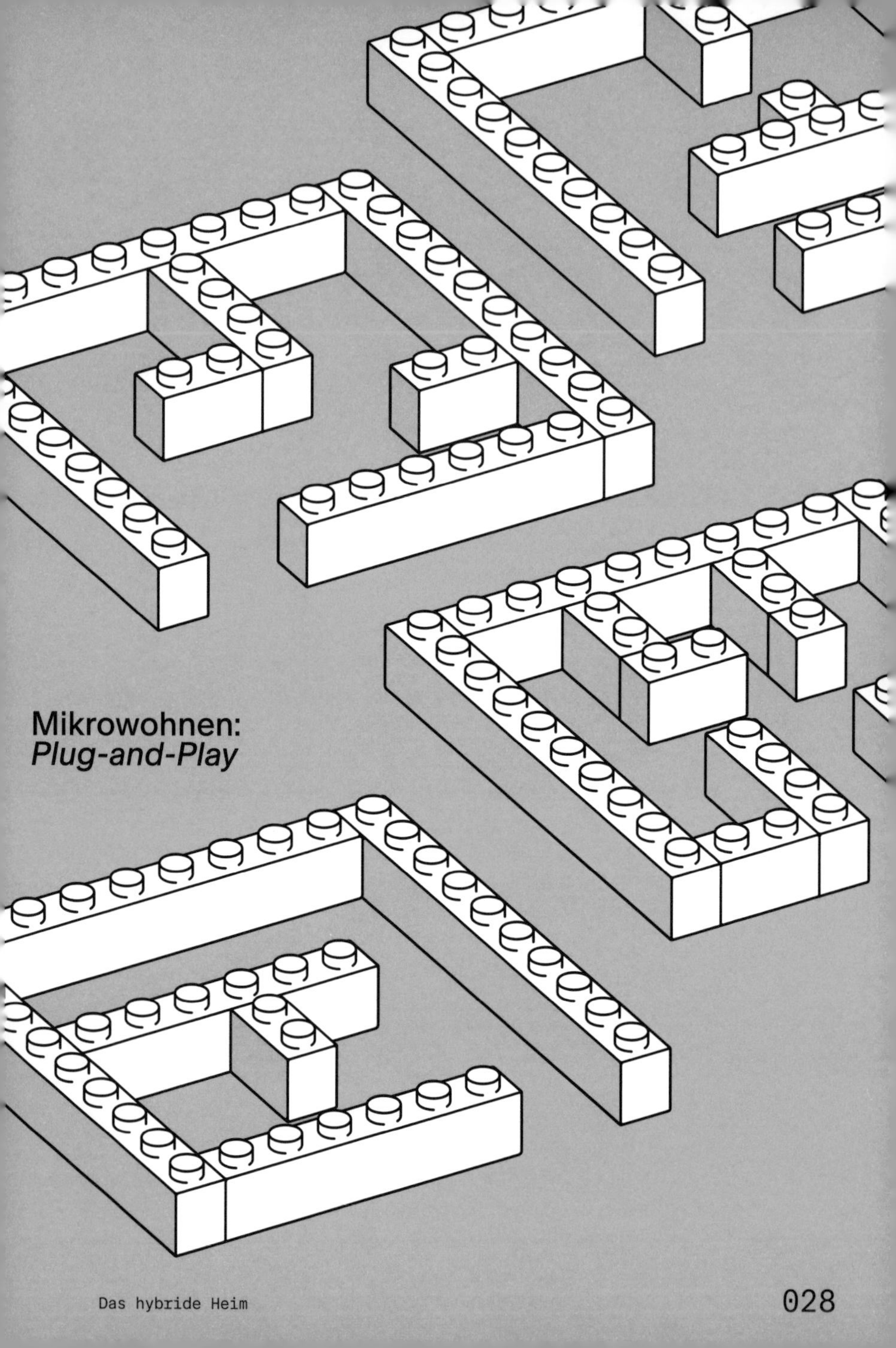

# Mikrowohnen: *Plug-and-Play*

Von Menschen der Digitalmoderne wird erwartet, dass sie sich flexibel in wechselnde (Arbeits-)Umgebungen einfügen. Kein Wunder, dass wir auch in der Ferne Ansprüche entwickeln, die vor allem von digitaler Infrastruktur geprägt sind: 5G und WLAN, Router und Zugangscodes. Das Wohnen macht da keine Ausnahme, besonders wenn es zu einem ultrakompakten Mix aus Wohnbadezimmer mit Kochnische komprimiert wurde. Tasche hinpfeffern, Socken rauskramen und die Zahnbürste auspacken – das ist nicht nur im Hotelzimmer ein Ritual. Es überträgt sich auf die Wohnwünsche, die auf viel Service abzielen, Pragmatismus und Selbstverständlichkeit. Niemand will nach Stromanschlüssen suchen. Zukunftsforscher Stephan Jung prognostiziert, dass die Generation Y rund 17 Mal den Job wechseln und 15 Mal umziehen werde. Da müsse Umziehen und Wohnen nach dem „Plug-and-play-Prinzip“[28] funktionieren. Was damit gemeint ist, kann jeder Vielreisende nachvollziehen. Dazu muss sich niemand als Digitalnomade ausgeben.

Etwas anderes kommt hinzu, etwas Fundamentales: Dichte ist kein abstrakter soziologischer Begriff mehr, wir spüren die Nachbarinnen und Nachbarn, hören sie, auch wenn die Tür geschlossen ist. Ein neues soziales Miteinander ist aber deswegen noch nicht in Sicht. Es wird eng in den Metropolen, und die Preise für Immobilien gehen durch die Decke. Selbst München, Hamburg und Mailand, ja sogar Regensburg und Linz muss man sich leisten können. Längst herrscht Wohnraumnot, während abgeschnittene Dörfer und abgehängte Landstriche verwaisen. Das könnte man natürlich als Luxusproblem abtun, denn generell nehmen wir mehr Raum, mehr Ressourcen in Anspruch als jede Generation vor uns.[29] So nah wir uns auch digital geben, leben wir in gebauter Distanz. Heute sind 47 Quadratmeter das Maß aller Dinge.[30] Die „Single-Republik“ fordert mehr baulichen Aufwand und Abstand bei – und das ist kein Widerspruch – großer digitaler Offenheit. In Großstädten legt daher eine Wohnform zu, die an Studentenzeiten erinnert: die flächenoptimierte Mikrowohnung mit anderthalb- oder zwei Zimmern, Küche und Bad.[31] Nutzer und Nutzerinnen verzichten auf Quadratmeter, um doch in der Stadt leben zu können, am liebsten dort, wo etwas los ist.

Die Lage entscheidet über alle Altersgrenzen hinweg. Selbst sogenannte Silver Surfer wollen nicht mehr in den Vorstädten alt werden, sie gehen dorthin, wo es ein Angebot gibt: Infrastruktur und Kultur. Keine Wohnung ist für die Ewigkeit. Sie dient eher als flexible Hülle auf Zeit. Nur eines ist wichtig: je kleiner, desto besser, aber eingebettet im städtischen Gewebe.

Wer über Wohnen spricht, muss auch über Dichte nachdenken. Nicht nur Dietrich Fink, Professor an der Technischen Universität München, sieht in der Verdichtung von Städten eine Chance.[32] Entscheidend seien flexible Wohnungen, die möglichst viele Lebensentwürfe zulassen. Kompaktheit erzieht zu Disziplin. Auffällig, dass viele kleine Wohnungen sich groß herausputzen: Stauräume sind minimiert, und alles wirkt trotzdem aufgeräumt. Raumhohe Verglasung vermittelt schon beim Eintreten ein großzügiges Gefühl. Natürlich kommt bei kompakten Abmessungen niemand mehr auf den Gedanken, einen Bauernschrank aufzustellen. Was nicht mehr in die Wohnung passt, kommt in den Keller. Stauräume sind daher ein wichtiges Kriterium. Oder Raum für alle wie eine Dachterrasse für Feiern, da es keinen Balkon gibt.

Zahlreiche Genossenschaftsbauten versuchen es mit schaltbaren Räumen und flexiblen Zusatzangeboten, die sich Nutzerinnen und Nutzer für eine gewisse Zeit sichern können. Die Single-Republik in ihren optimierten Mikroapartments sucht neue Wege der Kontaktaufnahme, etwa durch gemeinsamen Nutzraum, in dem Frauen und Männer zusammen kochen, arbeiten und abhängen. Ein Weg nicht nur für Berufseinsteiger – inzwischen schwören auch alte Hasen auf die Vorzüge des Co-Working und Co-Living. Bei aller Euphorie für neue Formen des Zusammenlebens bleiben Mikrowohnungen selbst eine gestalterische Herausforderung, etwa bei der einfachen Erschließung der vielen Einheiten. Wer will schon einen Laubengang? Und durchgesteckte Wohnungen sind oft kaum mehr zu realisieren. Energetisch optimierte Gebäude erzwingen zudem oft die Ausrichtung back to back. Qualitätsvolle Mikrowohnungen zeigen sich also an ihren Grundrissen, die aber möglichst flexibel sein sollten: Warum sollten drei Miniwohnungen nicht irgendwann eine Zweiraumwohnung werden? Oder eine Wohneinheit samt Elternwohnung? Das verlangt zumindest gut platzierte Sanitäranlagen.

Für Käufer wie Immobilienentwickler ist der Trend zu Kleinwohnungen ebenso nachvollziehbar wie gewinnbringend: Die Nachfrage bleibt hoch, sie sind gut am Markt platzierbar und bedeuten einen überschaubaren finanziellen Aufwand bei besten Aussichten, sie bei Bedarf wieder abzustoßen. Das Erfolgsmodell lebt von Singles, Pendlern und Berufseinsteigern. Mikrowohnungen bis hin zu klassischen Studentenapartements dienen als optimale Anlageobjekte.

# Alles hört auf uns: Steuerung per Sprachbefehl

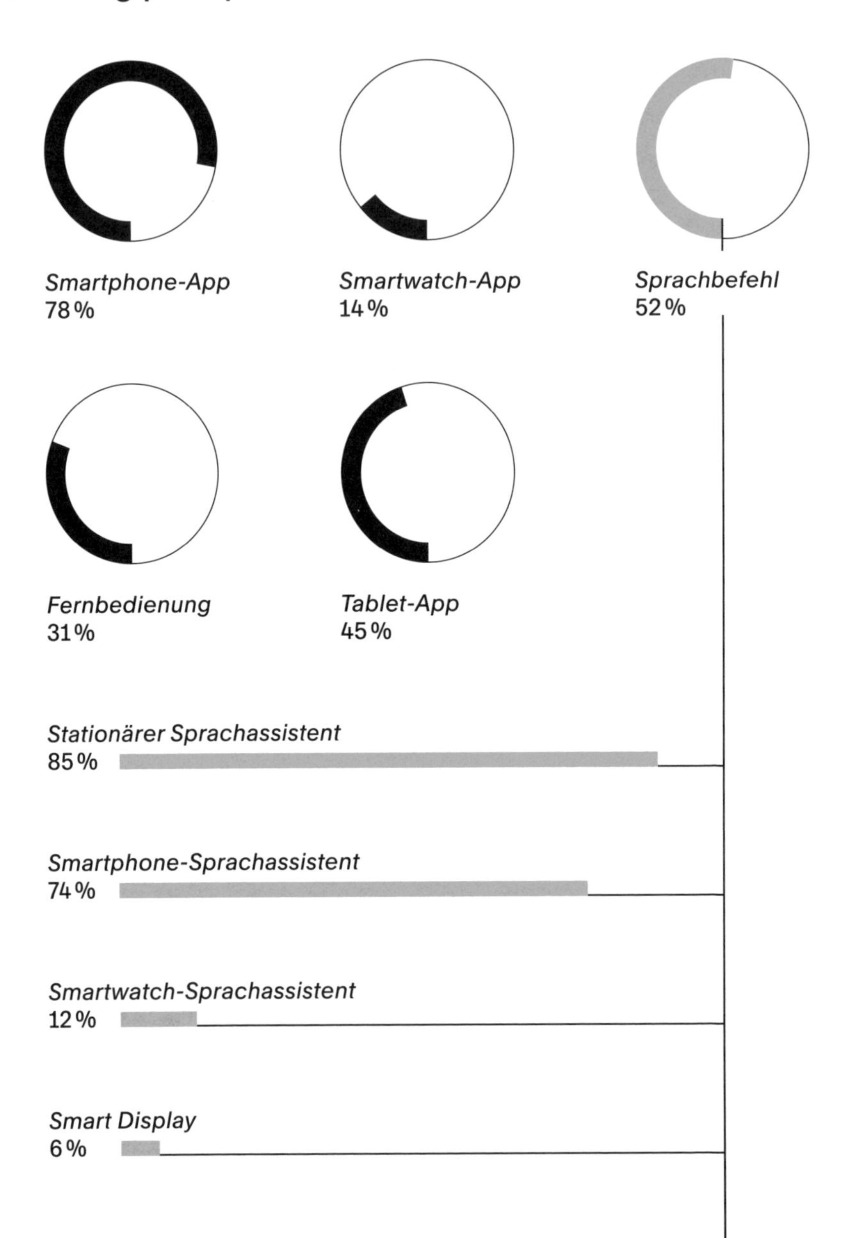

# Reduktion:
*Warum ist das leichte Wohnen nur so schwer?*

Das leichte Wohnen markiert das Ideal unserer Zeit, befördert durch digitale De-Materialisierung und den eindeutigen Druck diverser Ratgeber: Vereinfache Dein Leben. Dabei besitzen wir natürlich schon alles, manchmal sogar einfach zu viel. Die Akkumulation von Dingen entstand relativ spät in der Menschheitsgeschichte.[33] Wer alte Bauernhäuser besucht, findet im Flur oft nur eine Nische, in der die wichtigsten Güter lagen, kein Regal, keinen Speicher. Das Loch in der Wand reichte für Schlüssel und Petroleumlampe. Für die Kleidung gab es Haken, und wer reich war, konnte sich sogar Truhen leisten. Vor gerade mal 100 Jahren zählte ein Haushalt vielleicht 200 Dinge. Inzwischen sind es 50 Mal so viel – rund 10 000 Gegenstände. Und doch haben viele Dinge nicht mehr den Stellenwert wie früher. Das Sonntagsgeschirr wurde in Anrichten regelrecht präsentiert, um Kultur, vor allem aber den gesellschaftlichen Status der Gastgeber vorzuzeigen. Dann kam die Schrankwand mit Ablagen für dies und das. Heute reicht ein Plasmabildschirm, halb so breit wie die Wand. Das hat den Vorteil, dass man auch die letzten Bücher zusammenkehren und digitalisieren kann. Dinge sind selbstverständlich geworden. Man hat sie halt. Oder eben nicht mehr (sichtbar). Doch wir können noch so sehr teilen und entrümpeln, ohne Ordnung geht es nicht. Sichtbares Chaos erzeugt jedoch manchmal auch das Gegenteil – spartanische Wohnlandschaften. Je mehr Messies[34] und Prepper (die palettenweise Corned Beef, Bohnen und Reis einlagern, dazu Batterien, Funkgeräte, Schutzwesten und Werkzeuge, um für die große Katastrophe gerüstet zu sein), desto mehr organisierte Wohnasketen und Ordnungsfanatiker.

Doch zurück zum Überfluss, der nicht zuletzt einer ausdifferenzierten Gesellschaft und einer hochgerüsteten Industrie entspringt, die für jede Sportart die richtige Kleidung entwickelt. Da gibt es das Leibchen fürs Fitness-Studio, fürs Radeln, fürs Yoga und noch eins für Pilates. Am eigenen Leib erfahren wir eine Explosion der Gerätschaften. „Herrschaft der Dinge“ nennt das Frank Trentmann, der als Professor für Geschichte am Birbeck College der Universität London lehrt. Der Alltags- und Konsumforscher meint: „Exzess und Überfluss sind relativ. Es gibt keine fixe Trennlinie zwischen Bedürfnissen und Wünschen.“[35] Erst kommt das Fressen, dann die Tiffany-Lampe, könnte man die Maslowsche Bedürfnishierarchie (Bedürfnispyramide) abkürzen, die der Psychologe 1943 publizierte. „Wenn ein Bedürfnis erfüllt ist, so entsteht ein anderes“[36], schrieb Abraham Maslow. Häufen wir auch deshalb Dinge an, die uns das Leben erleichtern sollen und dann wie Treibsand ganze Wohnungen überschwemmen? Diese Flut wieder in den Griff zu kriegen, wird zu einer echten Herausforderung.

Zum Glück gibt es Self Storage, Zusatzraum am Stadtrand, der zeigt, wie einfach wir Probleme delegieren. Aus den Augen, aus dem Sinn – wie beim Klimawandel. Leben und lagern lassen heißt: Wir packen unser Zeugs weg. Von einem bis zu 100 Quadratmetern reicht das Angebot der externen Lager, die Einheiten sind bis zu drei Meter hoch. Profis haben eine Faustregel: ein Lager muss 10 bis 15 Prozent der Wohnungsgröße haben. Das ist, als ob man all die Luft zwischen den Dingen entweichen lässt und Kiste auf Stuhl und Sofa bis unter die Decke stapelt. 100 Quadratmeter Wohnung werden so auf zehn bis 15 Quadratmeter Lager eingedampft. Lohnt sich das überhaupt? Auf dem Land vielleicht nicht, aber in den Städten, in denen Wohnungen mit Speisekammer und großem Keller Mangelware sind, nutzen viele ein externes Lager als „verlängertes Wohnzimmer“[37], sagt Experte Christian Lohmann. Selbstlagerboxen finden sich an Ausfallstraßen und sind so eingerichtet, dass man anruft, mit dem Wagen vorfährt, den Vertrag unterschreibt und noch am selben Tag einlagert. Mit eigenem Zugangscode und Chipkarte sind die Lager rund um die Uhr geöffnet. Start-ups bieten sogar einen Rundumservice und holen die Kisten zu Hause ab. Als Erinnerung an all die Dinge, die da aus dem Blickfeld verschwinden, bieten die Anbieter Apps an, in die man seine Habseligkeiten als Fotos hochladen kann. Vielleicht könnte man gleich noch ein Fotobuch daraus machen, doch wohin mit ihm?

Kritiker werden einwenden, dass hier ein cleveres Geschäftsmodell Geld aus unserem Hang zum Horten macht. Doch das hängt ganz von der Perspektive ab. Wer eigentlich umziehen müsste, weil er die Skiausrüstung nicht auch noch in den Kleiderschrank stellen will, findet im Self Storage eine clevere Alternative; wer allerdings Dinge ansammelt und ansammelt, verlagert nur das Problem. Doch keine Angst. Wir sind in guter Gesellschaft. Angeblich war auch Picasso ein passionierter (An)Sammler. Wenn eine Wohnung überquoll, sperrte er sie einfach ab und bezog eine neue. Das klingt, zugegeben, nach einer Luxus-Lösung.

Was also sagt das Sammeln, Aufbewahren und platzsparende Lagern über unsere Gesellschaft aus? Vor allem, dass wir uns im Umbruch befinden. Wir beanspruchen mehr Ressourcen, Platz und Energie als Generationen vor uns – und stoßen langsam an die Grenzen des Möglichen. Wohnungen wachsen nicht mehr mit. Mit Blick auf Metropolen wie Tokyo, London, Zürich und München liegt die Vermutung nahe, dass das Lagern nicht nur ein Ausdruck des Überflusses ist, sondern auch eine Notwendigkeit, will man auf möglichst wenig Raum sein Hab und Gut verstauen. Dabei haben sich die gesellschaftlichen Codes verändert. Was uns als zu viel vorkommt, kann in anderen Kulturkreisen Ausdruck von Reichtum und gesellschaftlicher Stellung sein. In Indien trägt man seinen Status am Handgelenk, in Form von Goldketten. Wir haben dafür Handys mit exotischen Urlaubsfotos, Funktionsklamotten und manchmal sogar noch Autos.

Seit geraumer Zeit formiert sich eine Gegenbewegung zum maßlosen Konsum: weniger, dafür bewusster. Teilen statt kaufen. Entschlacken und zu sich finden, zu den eigenen, verschütteten Bedürfnissen. So lauten einige Thesen. Dabei propagierte schon Sokrates: „Nichts zu bedürfen ist göttlich, möglichst wenig zu bedürfen, kommt der göttlichen Vollkommenheit am nächsten.“ 2400 Jahre später machten Werner Tiki Küstenmacher und Lothar J. Seiwert daraus den Bestseller „Simplify Your Life. Einfacher und glücklicher leben“[38] und lancierten ein kleines Vereinfachungsuniversum aus Büchern,

Kalendern und Lebenshilfe. Das Unbehagliche daran? Selbst das Einfache drängt nach Entfaltung und – man muss es leider sagen – zu Unübersichtlichkeit.

Es ist noch nicht ausgemacht, wohin die „Herrschaft der Dinge“ wirklich führt. Konzepte wie die „Clean Desk Policy“ sorgen für brutale Ordnung im Büro. Wer sich einen Schreibtisch teilt, oder gar keinen eigenen mehr hat, muss auch darauf achten, dass jede(r) am Abend all die Blöcke, Stifte und Notizen aufräumt und die Arbeitsfläche ordentlich übergibt. Simplify your work gilt auch für unser Leben. Wir kommen nicht ums Entrümpeln, Entschlacken, Abgeben und Teilen herum. Und wenn gar nichts mehr geht, gibt es ja noch Lösungen, um unseren wachsenden Überfluss zu entsorgen: Tüten und Zugbandbeutel, Altglas-Container und Mülltonnen.

## Zusammenleben:
## *Wandel der Wohnformen – Wandel der Städte*

Wohnen und Arbeit rücken auch auf städtischer Ebene wieder näher zusammen. Kombinierte Wohn- und Bürogebäude sind keine Exoten mehr, ebenso wenig wie Einkaufsmeilen, die eine Ganztagsmischung anbieten aus Hotel, Gastronomie und Fitness. Auf dem Dach stehen Wohnhäuser rund um einen grünen Hof, den man sonst nur am Stadtrand vermuten würde. Die durch das Auto beförderte Trennung in Gewerbegebiete, Büroeinöden und Schlafstädte muss nicht ewig bleiben. Wie steht es mit der Rückkehr der Handwerker in die Stadt? Die neue Gemeinschaft verlangt freilich Kompromisse und womöglich auch den Verzicht auf manche Privilegien und Gewohnheiten. Eine dichtere Stadt fordert Toleranz, eine neue Balance aus Arbeit und Wohnen, Generationen, Kulturen und Lebensmodellen.

Die Gesellschaft wurde in den letzten Jahren diverser, bunter und differenzierter. Zugleich verändert sich auch die Vorstellung vom Wohnen, das vielfältiger und bunter werden könnte. Das tut es auch, nur manche Grundrisse scheinen noch in Stein gegossene Standards einer vergangenen Zeit fortschreiben zu wollen. Kein Wunder, dass eine der wichtigen Ausstellungen der letzten Jahre die „neue Architektur der Gemeinschaft“[39] beleuchtete. Kuratorenteam Ilka und Andreas Ruby sehen die normative Wohnkultur des 20. Jahrhunderts, ausgerichtet auf eine Zwei-Generationen-Familienstruktur, als Anomalie: „Über Jahrhunderte haben Menschen eher in Mehrgenerationen-Haushalten gewohnt und gearbeitet. Auch aus wirtschaftlichen und sozialen Gründen war es naheliegend, dass Menschen Gemeinschaften bilden, um füreinander zu sorgen.“[40]

Wohngemeinschaften und Genossenschaften sind im Trend, dazu kommen neue Mischformen: Co-Living, Co-Working, Couchsurfing und Wohnen auf Zeit. Nach Wohnexperimenten wie Kommune und Wohngemeinschaft sehen diese die Zukunft eher im Clustergrundriss, einer Gruppe von Mini-Apartments, die jeweils eine eigene Kochnische und ein Bad besitzen. Gemeinschaftliche Räume wechseln ab mit privaten Bereichen. Freiwillige Gemeinschaft also – als Gegenpol zum Cocooning, dem mehr oder weniger freiwilligen Rückzug in die eigenen vier Wände. Vieles spricht gegen eine solche Verkapselung. Wohnspezialist Mathias Müller, Geschäftsführer der EM2N Architekten Zürich/Berlin, sieht den öffentlichen Raum im Aufwind: „Menschen wollen sich treffen und austauschen." Cocooning sei eher eine Zwangshandlung, aber der Megatrend zu immer mehr Kleinhaushalten ungebrochen.[41] Die große Frage lautet also: Wo(hin) entwickelt sich das zeitgemäße Wohnen in Zeiten der Wohnraumknappheit, wo die neuen Formen des Zusammenlebens und wo die wirklich experimentellen, um nicht zu sagen avantgardistischen Wohnprojekte?[42] Müller bleibt skeptisch: Paradoxerweise habe sich das Bauen seit der Finanzkrise durch das billige Kapital noch stärker zu einer der wenigen Anlageklassen mit intakten Renditechancen entwickelt. „Massive Preissteigerungen (Boden und Baukosten) und Knappheit sind ein Resultat dieses Nachfrageüberhangs." Das seien leider „schlechte Rahmenbedingungen für unkonventionelle, experimentelle und gemeinschaftliche Wohnbauprojekte."[43]

Das Gegenteil von Experimenten bildet das freistehende Einfamilienhaus mit Satteldach und Abstandsgrün – ein Erfolgsmodell der Wirtschaftswunderjahre, als noch niemand an Klimawandel und $CO_2$-Bepreisung dachte. Im Gegenteil. Wachstum war wichtig, Wachstum war richtig. Selbst Arbeiter und Arbeiterinnen sollten sich ihren Traum vom Eigenheim leisten können. Das war politisch gewollt. „Wohnbaupolitik ist die Grundlage einer jeden Familienpolitik"[44], sagte Konrad Adenauer 1964. Die Idee dahinter: Immobilien machen immobil. Wer etwas zu verlieren glaubt, richtet sich in der Gegenwart ein und riskiert keine Weltrevolution. Was tat der deutsche Staat nicht alles, um den Traum vom Eigentum zu fördern, von der 1952 eingeführten Wohnungsbauprämie über die 2006 ausgelaufene Eigenheimzulage bis hin zum hoch umstrittenen Baukindergeld. All diese Wohltaten können nicht darüber hinwegtäuschen, dass das Selbstverständliche mitunter gar nicht mehr so selbstverständlich scheint. Der Traum vom eigenen Haus ist für viele geplatzt – und aus Sicht der Umwelt klingt das gar nicht so schlecht. Die Zahl der Baugenehmigungen für Einfamilienhäuser halbierte sich jedenfalls in den letzten 20 Jahren, während die der Mehrfamilienhäuser um die Hälfte stieg.[45]

Trotz vielen Neubauten bleibt die Wohnungsfrage offen. Unter den vielen Stimmen zum Thema ließe sich Christopher Dells Analyse „Ware: Wohnen"[46] herausgreifen, der die Wohnungsfrage mit politischer Ökonomie verknüpft und die „Warenförmigkeit des Stadtraums" herausstellt. Wenn Architektur – frei nach Schopenhauer – gefrorene Musik ist, gleichen manche Einkaufsstraßen tatsächlich dreidimensionalen Excel-Tabellen. Gilt das auch für Wohnraum? Zuletzt scheiterte das Land Berlin mit seinem Mietpreisdeckel[47]. Deutschland und die Schweiz sind klassische Mieterländer,[48] mit einer Eigentumsquote von rund 50 Prozent, weit abgeschlagen im europäischen Vergleich. Dabei gilt der geflügelte Spruch, dass jede(r) im Laufe seines Lebens eine Wohnung abzahle: die eigene oder die des Vermieters oder der Vermieterin. Die Sparkasse Mainz[49] wirbt unverhohlen damit, dass Wohneigentum glücklich mache. Eine Studie[50] der Universität Hohenheim im Auftrag der LBS Stiftung Bauen und Wohnen bestätigt das scheinbar: Immobilienbesitzer seien tatsächlich glücklicher als Mieter, selbst wenn man Faktoren wie Einkommen, Bildung und Alter berücksichtige. Die eigenen vier Wände sind offenbar mehr als bloße Steine, sie sind vor allem gebaute Psychologie, die Status versprechen und Sicherheit. Wohnen bedeute immer auch Sozialpolitik, hält der Schweizer Architekt Ernst Hubeli mit seiner Streitschrift „Die neue Krise der Städte"[51] dagegen. Hubeli argumentiert, dass der Verbrauch von Boden in den letzten Jahrzehnten „eine soziale und ökonomische Krise der Städte ausgelöst" habe. Für den Stadtplaner ist die Wohnfrage eigentlich eine Bodenfrage. Es gelte, die gesteigerten Bodenpreise abzuschöpfen und der Gesellschaft zugutekommen zu lassen, die schließlich alle Investitionen zur Steigerung des Bodenwertes übernommen habe: Straßen und Kitas, Hochschulen und Theater, U-Bahnen und Hochschulen. Solche Überlegungen sind nicht neu. Wer einen Blick etwa in die Bayerische Verfassung Art. 161 Abs. 2, stößt auf einen hochaktuellen Passus: „Unverdiente Gewinne", also „Steigerungen des Bodenwertes, die ohne besonderen Arbeits- oder Kapitalaufwand des Eigentümers entstehen, sind für die Allgemeinheit nutzbar zu machen."[52] Darauf hatte der ehemalige SPD-Vorsitzende Hans-Jochen Vogel in seinem Buch „Mehr Gerechtigkeit!"[53] verwiesen – es sollte sein Vermächtnis werden.

Wohnen ist nichts Absolutes. Sondern ein System kommunizierender Röhren, in das Normen und Gesetze ebenso einfließen wie Fördermöglichkeiten und Zinsen, dazu Vorstellungen vom guten Leben und der Zukunft, in der Menschen leben wollen. Das Apartment nimmt also Entwicklungen der Gesellschaft auf und gibt ihnen sichtbare Form. Wie wir wohnen, hat oft nur bedingt etwas damit zu tun, wie wir wohnen wollen. Wohnwünsche und Wohnwirklichkeit lagen freilich selten so weit auseinander wie in Zeiten des gegenwärtigen Vermietermarktes, in dem Eigentümer klar im Vorteil sind. Der Markt bietet zwar Optionen, doch letztlich muss sich frau/man sie auch leisten können. Gut, wenn es sich dabei um einen vertretbaren Kompromiss handelt aus Lage, Zustand und Ausstattung. Quartiere verändern sich zudem. Das muss nicht immer Gentrification bedeuten. Es genügt, wenn Geringverdienerinnen und Geringverdiener dem Mietdruck weichen und Besserverdienende nachrücken. Raum für weitreichende Wohnexperimente eröffnet sich auf diesem Weg nicht.

Homeoffice[54] wirkt wie ein Befreiungsschlag gegenüber der funktionsgetrennten Stadt der Moderne, fein säuberlich aufgeteilt nach Industrie, Gewerbe und Wohnen, gemäß den Prinzipien des IV. Congrès Internationaux d'Architecture Moderne (CIAM) von Athen – eine Fehlentwicklung, zusammen mit der Ideologie der autogerechten Stadt. Damit klinkt sich das Homeoffice ein in einen ganz anderen Konflikt – und zwar in den von Ökologie und Gemeinschaft versus Turbokapitalismus und hemmungslosem Ressourcenverbrauch. Auch wenn niemand weiß, wie gut die Ökobilanz dieses Arbeitsmodells genau aussieht, steht doch fest, dass so manche Fahrt zum Arbeitsplatz entfallen dürfte, zusammen mit Dienstreisen zu Treffen, die viel Stress versprechen – und oft wenig Konkretes. Wie angenehm wirkten doch die Videochats in Corona-Zeiten, in denen sich Menschen ausreden ließen, zuhörten und tatsächlich nach Lösungen suchten. Insofern ist Homeoffice ein Rücksprung in vormoderne Zeiten mit modernsten Kommunikationsmitteln – und zugleich ein Baustein für eine ökologische Wende.

Das Paradoxe, Unentschiedene und Gleichzeitige bestimmt unser Leben weiterhin. Wird die digitale Stadt mit ihren verschiedenen Plattformen der Sharing-Economy am Ende nutzbringend sein? Noch scheint nicht ausgemacht, ob Idealisten den Ton angeben oder Investoren, die aus dem neuen Kollektivbewusstsein (das oft purer Notwendigkeit entspringt) eine perfekte Geldmaschine formen.

# Wie viele Personen wohnen in einem Haushalt?

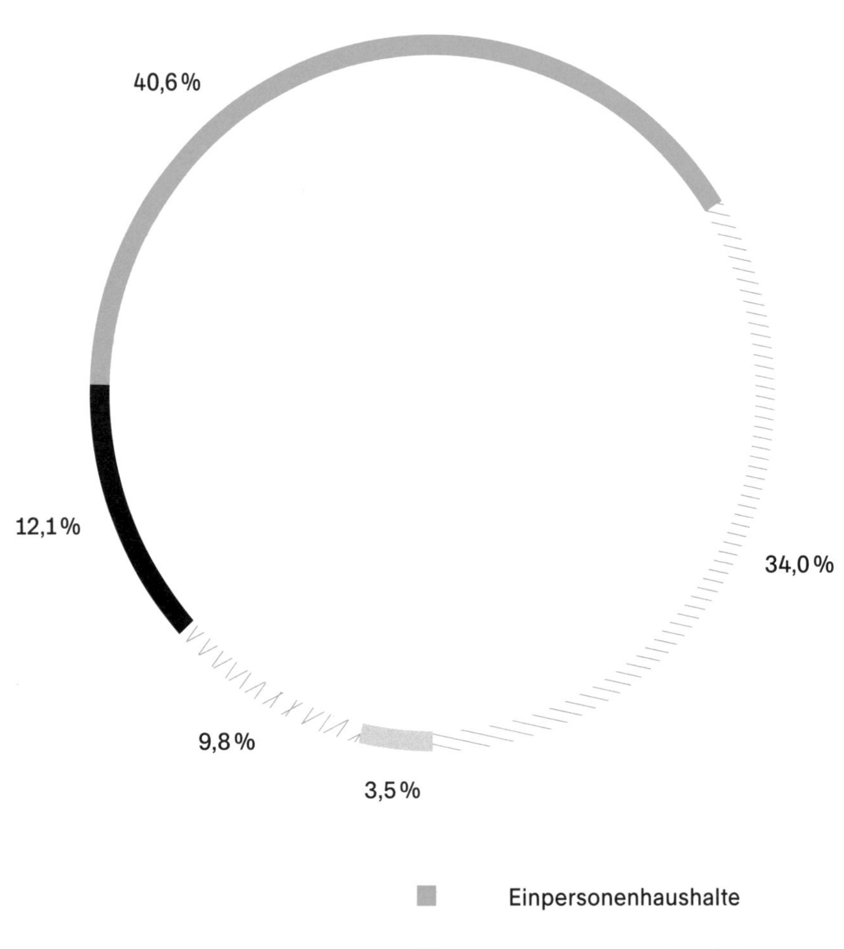


Einpersonenhaushalte

Zweipersonenhaushalte

Dreipersonenhaushalte

Vierpersonenhaushalte

Fünfpersonenhaushalte und mehr

# Hybride überall: *Arbeitsschlafzimmer und Homeschooling-Küche*

Die Auflösung gemauerter Wohnungen ist längst im Gange. Das beginnt bei den Funktionen – Zonen ersetzen Zimmer, Atmosphären dominieren – und reicht bis zu neuen Ansätzen, das Zusammenleben zu organisieren. Als die Kölner Möbelmesse Sebastian Herkner 2016 bat, das Haus der Zukunft zu entwerfen, gestaltete der Designer ein durchsichtiges Rund, das bis auf Bad und Schlafzimmer keine echten Räume besaß, sondern nur noch barrierefreie Zonen, abgetrennt durch Vorhänge. Der Designer spielte mit unterschiedlichen Graden von Transparenz. Im Zentrum ein offener Innenhof, dazu eine Tafel, an der alle gemeinsam speisen. Was für ein Bild!

Wie weit reicht diese Hybridisierung? Arbeitsschlafzimmer und Homeschooling-Küche sind nicht die einzigen Mischwesen unserer Zeit. Im Grunde ist das moderne Leben selbst ein Hybrid geworden, ein Zustand im Dazwischen und Nochnicht. Der Schweizer Journalist und Autor Tom Kummer hat das meisterhaft als „In-between" bezeichnet. Das „Dazwischen-Sein" – zwischen Kontinenten, Kulturen, Verpflichtungen und Zeitzonen – ist unser Schicksal. Der neue Sisyphos muss vieles zugleich erledigen, ohne zum Stillstand zu kommen: unerledigte Anrufe, Tweets und Re-Tweets, Statusmeldungen und Mails ebenso wie tägliche Entscheidungen, Familie und Partnerschaft.

Die beschleunigte Gesellschaft reicht mit der Usurpation immer neuer Bereiche weit in unser Leben. „New Work", das permanente Homeoffice oder 24-Stunden-Büro, lässt sich nicht mehr einfach abschalten. Wir kompensieren das durch Ausweichbewegungen, durch Hacks des Systems. Mitte 2019 machte eine tragikomische Geschichte die Runde: Mehr und mehr Japaner leihen Mietwagen und bewegen sich nicht von der Stelle. Sie arbeiten oder halten einen Mittagsschlaf. Beliebt ist der Rückzugsort vor allem deshalb, weil er wenig kostet, da die Mietfahrzeuge meist pro gefahrene Kilometer abgerechnet würden.[55] Gemütlich ist anders, zumindest nach europäischen Maßstäben. Wobei wir längst „hygge"[56] dazu sagen, weil gemütlich doch zu sehr nach Spießertum klingt. Das Auto als Rückzugsort – das hat was. Auch in Europa ist das

Auto für Millionen Pendler ein letztes Stück Freiheit, mit dröhnender Musik oder einem guten Hörbuch: eine undefinierte Zeit-Insel im Fahrplan des Tages. In jedem Stau verwandelt sich das Auto wieder in ein rollendes Büro, mit mobilem Internet in weichen Polstern. Was werden autonome Fahrzeuge erst bieten? Der fahrende Werk- wie Erholungsraum ist definitiv kein Auto mehr, hier wächst etwas völlig Neues, für das es noch keinen richtigen Namen gibt. Das Undefinierte bestimmt unsere Zeit, im Dazwischen und in hybriden Lebens- und Arbeitsweisen spiegelt sich eine dynamische Gesellschaft, die feste Regeln abgeworfen hat.

Gleiches gilt für die gute Stube, die Wohnung. Ihr tatsächlicher Gebrauch ist dem Grundriss immer voraus. Auch wenn wir uns notgedrungen in den Wohnschachteln der Vergangenheit einrichten, sprengen wir sie doch immer wieder. Unterlaufen den Determinismus von vorplatzierten Lichtschaltern und Deckenauslässen. Wir improvisieren und loten neue Freiräume aus. Zimmer mit festen Funktionen waren gestern. Das Dazwischen dominiert, Zonen, die nicht restlos definiert sind, weil mit der Digitalisierung Freiheiten wie Kontrolle zugleich wachsen und einer neuen Balance bedürfen. Wenn wir aber Kategorien sprengen, braucht es neue Worte für Arbeitsschlafzimmer und Homeschooling-Küchen, Abhängzonen und Games-Orte. Nichts ist wie gewohnt, aber wir richten uns schon darin ein.

1 Tucholsky, Kurt: Das Ideal, 1927. Siehe mumag.de/gedichte/tuc_k02.html

2 Siehe Faller, Peter: *Der Wohngrundriss. Untersuchung im Auftrag der Wüstenrot Stiftung.* München, 2002, besonders S. 59–80.

3 Siehe boeckler.de/de/boeckler-impuls-unbezahlbare-mieten-4100.htm; faz.net/-gz7-acq63

4 Fröhlich, Sonja: *Warum Erwachsene lieber in eine WG ziehen.* Hannoversche Allgemeine Zeitung, 3.4.2016. haz.de/Sonntag/Top-Thema/Zusammen-ist-man-weniger-allein-Wohntrend-Erwachsenen-WG. Siehe auch Rampe, Henrik: *WG für Berufstätige: Mehr als ein Zweckbündnis.* Frankfurter Allgemeine Zeitung, 9.6.2021. faz.net/-gz7-acaxf

5 Brief von Ludwig Mies van der Rohe, 27. Mai 1926, MoMA, Mies-van-der-Rohe-Archiv, New York. Zitiert nach: Lampugnani, Vittorio Magnago: *Die Stadt im 20. Jahrhundert. Visionen, Entwürfe, Gebautes.* Bd. 1, Berlin, 2010. S. 341.

6 Siehe auch Herwig, Oliver: *Die Weißenhofsiedlung in Stuttgart.* architare.de/de/magazin/die-weissenhof siedlung-stuttgart

7 Siehe Häußermann, Hartmut; Siebel, Walter: *Soziologie des Wohnens. Eine Einführung in Wandel und Ausdifferenzierung des Wohnens.* München, 1996. S. 19; Hasse, Jürgen: *Was bedeutet es, zu wohnen?* Bundeszentrale für Politische Bildung, 15.6.2018. bpb.de/apuz/270878/was-bedeutet-es-zu-wohnen-essay

8 Siehe Kofner, Stefan: *Übers Wohnen.* hogareal.de/html/ubers_wohnen.html

9 Holzer, Boris: *Die Logik des guten Geschmacks. Intellektuelle schauen Serien und hören Rap. Aber elitär muss es sein.* Frankfurter Allgemeine Sonntagszeitung, 1.8.2021. Dort auch der Hinweis auf die Studie: Childress, Clayton; Baumann, Shyon; Rawlings, Craig; Nault, Jean-Francois: *Genres, objects. and the contemporary expression of higher-status tastes.* In: *Sociological Science 8* (2021), S. 230–264. DOI: 10.15195/v8.a12.

10 Weibliche Selbstinszenierung in den neuen Medien. Ergebnisse einer Studienreihe, präsentiert von der MaLisa Stiftung 01.2019. malisastiftung.org/wp-content/uploads/Selbstinzenierung-in-den-neuen-Medien.pdf. Siehe auch: verbraucherbildung.de/meldung/die-macht-der-bilder-selbstinszenierung-jugendlicher-im-internet

11 Instyle (2018): *Wer seine Wohnung früh weihnachtlich dekoriert, ist glücklicher.* instyle.de/lifestyle/weihnachten-frueh-dekorieren

12 Zahlen vom 1.11.2020: ard-zdf-onlinestudie.de/files/2020/0920_Beisch_Schaefer.pdf

13 malisastiftung.org/wp-content/uploads/Selbstinzenierung-in-den-neuen-Medien.pdf, S. 9.

14 ntv, 13.12.2013: *Album ohne Vorankündigung. Beyoncé landet Coup.* n-tv.de/11914661

15 Von lateinisch privatus: „abgesondert, getrennt"; Wortbedeutung nach: de.wikipedia.org/wiki/Privat

16 Artikel 13 des Grundgesetzes für die Bundesrepublik Deutschland. de.wikipedia.org/wiki/Artikel_13_des_Grundgesetzes_f%C3%BCr_die_Bundesrepublik_Deutschland

17 Siehe Riley, Terence: *The Un-Private House.* Museum of Modern Art, New York City, 1999. S. 9. Vergleiche auch: moma.org/calendar/exhibitions/192

18 Siehe Herwig, Oliver: *Hotelification oder das leichte Leben.* Lifeathome, 13.11.2018. lifeathome.ch/2018/11/hotelification-oder-das-leichte-leben-oliver-herwig/

19 Siehe Augustin, Kersten; Friedrichs, Julia: *Wird erledigt.* Die Zeit, 3.11.2016. zeit.de/2016/46/online-plattformen-angestellte-lieferdienste-dienstboten; work-watch.de/2017/07/die-revolte-der-neuen-dienstboten; Palmer, Georgia: *Die Revolte der neuen Dienstboten.* taz, 22.7.2017. taz.de/Arbeitsbedingungen-bei-Foodora-und-Co/!5428832/

20 Siehe Graefe, Lena: *Statistiken zum Reiseverhalten der Deutschen.* Statista, 12.7.21. de.statista.com/themen/1342/reiseverhalten-der-deutschen/

21 Pine, B. Joseph; Gilmore, James H.: *The Experience Economy: Work Is Theater & Every Business a Stage.* Boston, Harvard Business School Press, 1999. conversationagent.com/2016/05/13/index.html

22 Schweizerisches Bundesamt für Statistik.

23 Siehe globenewswire.com/en/news-release/2014/01/30/924112/0/en/New-Report-on-Luxury-Buying-Spotlights-Cities-and-Customer-Segments.html; bcg.com/publications/2014/consumer-

products-dealing-with-new-complexity-business-luxury
24 tophotel.de/auswirkungen-der-krise-und-zukunftsprognosemarktreport-serviced-apartments-2021-veroeffentlicht-97262
25 Graefe, Lena: *Für welche Zwecke nutzt Ihr Unternehmen Serviced Apartments?* de.statista.com/statistik/daten/studie/992303/umfrage/umfrage-unter-unternehmen-welt-weit-zur-nutzung-von-serviced-apartments/
26 justimmo-websites.s3.eu-central-1.amazonaws.com/551d18b8cb24ed0ccc ea76b03d73cefde05cd76a/source
27 Umfrage von Oliver Herwig unter Experten von 2015. Siehe auch destatis.de/DE/Presse/Pressemitteilungen/2020/07/PD20_269_122.html; destatis.de/DE/Presse/Presse mitteilungen/2020/11/PD20_N073_122.html
28 Glocke, Brit: *„Wir werden sehr viel flexibler leben.“* ahgz.de/hoteldesign/news/wir-werden-sehr-viel-flexibler-leben-264126
29 Siehe bib.bund.de/DE/Service/Presse/2013/2013-07-Pro-Kopf-Wohnflaeche-erreicht-mit-45-m2-neuen-Hoechstwert.html
30 Natürlich nur im Durchschnitt. Siehe destatis.de/DE/Presse/Pressemitteil ungen/2020/07/PD20_281_31231.html
31 Bundesbaublatt, 5/2014: *Klein, kleiner,mikro.* bundesbaublatt.de/artikel/bbb_Klein_kleiner_mikro_1987397.html
32 Herwig, Oliver. Interview mit Dietrich Fink: „Die Frage ist nicht, ob wir Verdichtung wollen. In Wachstumsregionen geschieht Verdichtung täglich. Die Frage ist, ob wir Verdichtungsprozesse planen wollen, zugunsten der räumlichen Zukunft der Bewohner, der Schönheit der Stadt und der Beteiligung an Baurechtsgewinnen für die Stadtgesellschaft.“
33 Siehe auch Herwig, Oliver: *Sucht und Ordnung.* Lifeathome, 18.9.2018. lifeathome.ch/2018/09/sucht-und-ordnung/
34 Gross, Werner: *Messie-Syndrom: Löcher in der Seele stopfen.* PP 1, Ausgabe September 2002, S. 419. aerzteblatt.de/archiv/33777/Messie-Syndrom-Loecher-in-der-Seele-stopfen
35 Trentmann, Frank: *Herrschaft der Dinge. Die Geschichte des Konsums vom 15. Jahrhundert bis heute.* München, 2016. S. 545.
36 de.wikipedia.org/wiki/Maslowsche_Bed%C3%BCrfnishierarchie
37 Siehe rp-online.de/nrw/panorama/self-storage-bei-lagerbox-in-duesseldorf-ein-leben-in-der-blechbox_aid-17612239; sz.de/1.593188
38 Küstenmacher, Werner; Seiwert, Lothar J.: *Simplify your Life. Einfacher und glücklicher leben.* Frankfurt am Main, 2004.
39 *Together! Die Neue Architektur der Gemeinschaft.* Herausgegeben von Mateo Kries, Mathias Müller, Daniel Niggli, Andreas Ruby, Ilka Ruby. Vitra Design Museum, Weil am Rhein, 2017.
40 Herwig, Oliver: *Together!* kap-forum.de/together/
41 Herwig, Oliver: *Zusammenhalten. Die neue Architektur der Gemeinschaft.* Interview. kap-forum.de/zusammenhalten/
42 Siehe Maak, Niklas: *Häuser für eine andere Welt.* Frankfurter Allgemeine Zeitung, 21.6.2021. faz.net/-gsa-ac73m
43 Herwig, Oliver: *Zusammenhalten. Die neue Architektur der Gemeinschaft.* Interview. kap-forum.de/zusammenhalten/
44 Schneider, Hans Dietmar; Hoffmann, Elisabeth: *Familienförderung durch Wohneigentum. Kindern ein Zuhause geben.* Konrad-Adenauer-Stiftung e. V., Sankt Augustin/Berlin, 2018. kas.de/documents/252038/3346186/Familienfoerderung+durch+Wohneigentum.pdf/97a2388c-7b79-1968-08fd-4e05803b3ec4?
45 Siehe dazu Fehr, Mark: *Fünf ernüchternde Fakten zum Mieten, Kaufen und Wohnen.* Frankfurter Allgemeine Zeitung, 17.5.2021. faz.net/-hx6-abgx5
46 Dell, Christopher: *Ware: Wohnen. Politik. Ökonomie. Städtebau.* Berlin, 2013.
47 mietendeckel.berlin.de/.
Vergleiche Herwig, Oliver: *Ware Wohnen oder das wahre Wohnen: Wem gehört die Stadt?* Frankfurter Rundschau, 19.8.2020. fr.de/kultur/gesellschaft/wem-gehoert-die-stadt-90025881.html
48 Siehe Statista Research Department: *Wohneigentumsquote in ausgewählten Ländern Europas 2019.* Statista, 15.12.2020. de.statista.com/statistik/daten/studie/155734/umfrage/wohneigentumsquoten-in-europa/
49 Hörner, Daniel: *So wohnen wir.* Sparkasse Mainz, 26.11.2019 meine.sparkasse-mainz.de/immobilien/so-wohnen-wir-die-wohneigentumsquote-in-deutschland/
50 Elsner, Dorothea: *„Macht Wohneigentum glücklich?“*, Studie der Universität Hohenheim, 5.5.2015. komm.uni-hohenheim.de/112943?tx_

ttnews%5Btt_news%5D=27588&cHash=ba2b-b31e5341dc80d157d1bf653cdebf;
komm.uni-hohenheim.de/uploads/media/Wohnglueck_broschuere.pdf

51 Hubeli, Ernst: *Die neue Krise der Städte. Zur Wohnungsfrage im 21. Jahrhundert.* Zürich, 2020.

52 bayerische-verfassung.de/artikel-151-bis-177/#Art_161

53 Vogel, Hans-Jochen: *Mehr Gerechtigkeit! Wir brauchen eine neue Bodenordnung – nur dann wird auch Wohnen wieder bezahlbar.* Freiburg im Breisgau, 2019.

54 Siehe auch Herwig, Oliver: *Die Welt nach Corona. Wer schützt das Home vor dem Office?* Frankfurter Rundschau, 9.6.2020. fr.de/politik/raum-zeit-dilemma-13793254.html

55 Siehe Herwig Oliver: *Lob des Zwischenraums.* Essay. Transformational Buildings, 2021. transformational-buildings.de/lob-des-zwischenraums;
Neidhart, Christoph: *Warum Japaner Autos mieten – und nirgends damit hinfahren.* Süddeutsche Zeitung, 10.7.2019. sueddeutsche.de/panorama/japan-auto-mieten-schlafen-1.4518078

56 Hygge und noch viel mehr, visitdenmark, 2021. visitdenmark.de/daenemark/erlebnisse/hygge

# Warum wir kein Smart Home einrichten

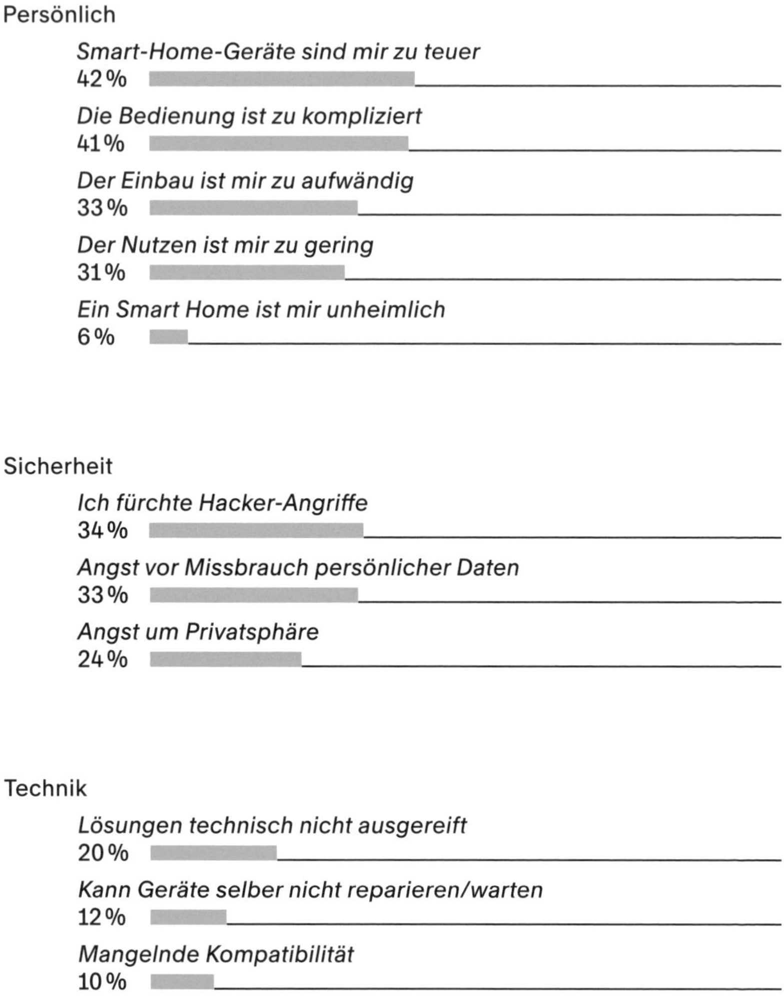

Persönlich

*Smart-Home-Geräte sind mir zu teuer*
42 %

*Die Bedienung ist zu kompliziert*
41 %

*Der Einbau ist mir zu aufwändig*
33 %

*Der Nutzen ist mir zu gering*
31 %

*Ein Smart Home ist mir unheimlich*
6 %

Sicherheit

*Ich fürchte Hacker-Angriffe*
34 %

*Angst vor Missbrauch persönlicher Daten*
33 %

*Angst um Privatsphäre*
24 %

Technik

*Lösungen technisch nicht ausgereift*
20 %

*Kann Geräte selber nicht reparieren/warten*
12 %

*Mangelnde Kompatibilität*
10 %

Räume und Träume
*Wohnungsbesichtigung*

Das schönste Zimmer:
nichts als ein Bett,
der Tisch am Fenster,
ein Kleiderschrank.

Thomas Espedal
*Biografie, Tagebuch, Briefe.*
Berlin, 2017.

Was macht das Wohnen in den Zwanzigerjahren des 21. Jahrhunderts so spannend? Nun – es sind die Gegensätze, die auf engstem Raum zusammenkommen und Lösungen verlangen. Wohnen ist eingeklemmt zwischen Wünschen und Standard-Grundrissen. Explodierende Immobilienpreise lassen Wohnträume von Altbaufluchten samt Garten platzen. Zugleich öffnet das Internet Möglichkeiten, die räumliche Beschränkung vor Ort zumindest technisch (und gedanklich) zu überwinden.

Es tut sich tatsächlich was, und zwar durch alle Zimmer, die eher zu Räumen werden – Bereichen, in denen vieles zugleich stattfinden kann: Das Bad wird zum Wellnesstempel aufgerüstet, das bürgerliche Wohnzimmer zur Online-Couch, die Einbauküche gegen die Wohnküche getauscht. Alles wirkt aufgeräumt und chic, perfekt zu posten. Im Instagram-Zeitalter mutiert selbst das Schlafzimmer zum halböffentlichen Ort. Manchen gelingt es in der Tat, die eigenen vier Wände zu durchbrechen und – ähnlich dem V-Effekt im Theater – die vierte Wand aufzulösen: Zuschauer und Spieler werden eins – und das Heim zur Online-Bühne des täglichen Lebens. Passenderweise heißt ein digitaler Anbieter „Nest“: Cocooning und digitale Öffnung sind keine Gegensätze, sie bedingen sich. Wenn Walter Benjamin das 19. Jahrhundert als „wohnsüchtig“ bezeichnete und die „Wohnung als Futteral des Menschen“ beschrieb, das mit ihm in einem Wechselverhältnis stehe wie die Instrumente eines Zirkelkastens, die in „tiefe, meistens violette Sammethöhlen gebettet“[1] wären, so ist die neue Co-Abhängigkeit digitaler Natur. Das immaterielle Netz und seine sozialen Netzwerke umschließen uns wie jene realen Gehäuse des 19. Jahrhunderts. Nur noch passgenauer.

Reduktion und Hybridisierung prägen unser Wohnen. Das hat Auswirkungen auf das Mobiliar: Schreibtische sind nur noch Sekretäre für das Tablet oder das Notebook. Bücher verschwinden – und CD-Regale werden abmontiert. Nur der Plasmabildschirm verteidigt seinen Platz im Herrgottswinkel. Alles andere ist im Fluss, hin zu temporären Vielzweck-Arbeits-Spaß-und-Multimedia-Räumen. Mit der Invasion des

Büros durch das Homeoffice brechen die letzten Dämme. Das Arbeits-Lümmel-Bett und die Büro-Kommode zeigen die Zwänge alltäglicher Optimierung. Parallel steigen Anfragen für Storage Room am Rande der Stadt. Denn in den Standardgrundrissen der optimierten Stadtwohnungen ist weder eine Speisekammer vorgesehen (und finanzierbar) noch eine Garderobe, geschweige denn ein Gästezimmer oder ein Hauswirtschaftsraum, um ein schön antiquiertes Wort zu gebrauchen. Auf zur Wohnungsbesichtigung.

## Requisitenlager:
*Flur*

Bei Woody Allen gibt es diesen magischen Moment. Die Tür eines Appartements schwingt auf, die Hausherrin lächelt, und man steht plötzlich mitten im Wohnzimmer, umgeben von Büchern, Bildern und guten Gesprächen. Typisch New York, denkt man womöglich und erinnert sich an die eigene Einladung, als sich Gäste in den schmalen Flur drücken mussten, der schlagartig noch etwas enger und ungemütlicher wirkte. Eingang und Diele sind eben keine Stärken modernen Wohnungsbaus. Es gibt sie, wie die Resterampe eines Kaufhauses. Und genauso sehen sie aus – vollgestellt und ohne Linie. Mancher Eingang gleicht einem Hindernisparcours auf dem Weg zur Arbeit, mit rutschigen Läufern, vorstehenden Containern und heimtückischen Kabeln. Wohnexperten raten dann zur Flurbereinigung, am besten in Form großer Einbauschränke, die mal so richtig aufräumen mit dem Terror der kleinen Dinge. Dabei ist diese Lösung oft Zeichen des Problems. Es gibt eben kaum Platz, schon gar nicht für Einbauschränke.[2]

Der Flur ist ein seltsames Wesen. Obwohl drinnen, erinnern nasse Kleider, dampfende Schuhe, Autoschlüssel und Handschuhe eher an draußen. Dazu kommen die unvermeidlichen Accessoires: Garderobe, Schuhcontainer, Schlüsselbrett, Haken und Spiegel. Nichts passt so richtig, denn immer fehlt ein Zentimeter hier und einer da. Wenigstens Imelda Marcos kannte dieses Problem nicht. Ihre geschätzten 1200 Paar Schuhe füllten ganze Räume und passen nun inzwischen in ein eigenes Museum in Manila, nur eben nicht in den Eingangsbereich einer Durchschnittswohnung. Wohin aber mit den Tretern, wenn keine begehbare Ankleide in Sicht ist? Wohin mit der Jacke, dem Mantel und dem Regencape? Und wohin mit Schlüsselbund und Handy? Der Flur hat sich längst zum Zwischenspeicher des Alltags gewandelt, je nach Wetterlage und Uhrzeit gefüllt mit unterschiedlichsten Requisiten. Obendrein dient er als elektronische Schnittstelle zur Welt. In die Wand eingelassen liegen Sicherungskasten und Telefonanschluss, früher ein graues Kästchen der Deutschen Post, garniert mit Telefonbänkchen und Stuhl, heute ein Gewirr aus Kabeln, WLAN-Router und Adaptern, das manche schamhaft verstecken, andere einfach aus der Wand quellen lassen. Wenn etwas die vielen Gegenstände zusammenhält, die im Flur zusammenfinden, so ist es die Tatsache, dass sie eine Grenze anzeigen, die es eigentlich gar nicht mehr gibt. Hier das Private, dort das Öffentliche. Hier Familie, dort die Freunde. Drinnen gemütlich, draußen arbeitsam – das war einmal. So wie sich die Arbeitszeit langsam unserer Lebenszeit angleicht, so hat sich das Entree der Wohnung gewandelt – von der inszenierten Schwelle zum sterilen Durchlauferhitzer des Alltags, in dem man im Stehen den Espresso kippt, die neuesten Tweets und die Frisur im Spiegel checkt.

Traditionell hoben Architekten solche Übergangsbereiche hervor. Sie verliehen dem Auftritt der Hausherrin Größe und gestalteten dazu raumhohe Türen, Einfassungen und spendierten selbst dem längsten Flur noch etwas Volumen, um einen Schrank unterzubringen, eine Hutablage, einen oder zwei Sessel sowie einen kleinen Tisch. Gehalten hat sich das Zeremoniell noch in Theater, Oper, Luxushotels. Von solch gestalterischem Überschwang und räumlichem Luxus ist vielleicht noch der Windfang geblieben und ein, zwei Stufen, die sich manchmal wie ein Sabotageakt an Buggys, Kinderwägen und Rollatoren ausnehmen, ganz zu schweigen von Rollstühlen und Skifahrern mit Gipsbein.

Selbst in der Etagenwohnung ist die Tür zur Außenwelt neuerdings gesichert durch Bewegungsmelder, Videoüberwachung und Zahlencode, den man ja nicht vergessen sollte, wenn man sich peinliche Anrufe bei der externen Sicherheitszentrale oder noch peinlichere Sicherheitsabfragen auf dem Handy („Wie hieß Deine erste Katze?" oder „In welcher Straße wohnten Deine Eltern?") ersparen will. Die elektronische Aufrüstung der Schwelle steht jedenfalls in keinem Verhältnis zur tatsächlichen Relevanz des unmittelbar dahinterliegenden Bereichs. Wenn der erste Eindruck tatsächlich durch nichts zu ersetzen wäre, müssten wir diesem Raum hohe Aufmerksamkeit widmen. Das Gegenteil ist der Fall. Der Flur ist nicht länger

Visitenkarte des Hauses und seiner Bewohner, er ist vor allem Durchgangsfläche mit hohem Verschleiß an Möbeln und Wandfarbe, das wissen nicht nur Familien mit kleinen Kindern.

Warum das so ist? Nun, das moderne Wohnen setzt Prioritäten, die sich an bezahlbaren Größen orientieren. Eine 80-Quadratmeter-Wohnung lässt nicht zugleich Wohnküche, Masterbedroom, Wellnessbad und große Erschließungsbereiche zu. So wird der Flur, obwohl eigentlich Rückgrat der Wohnung, zu einer Art architektonischer Manövriermasse für den Schnitt der „wichtigeren" Räume. Je größer das Wohnzimmer, desto kleiner der Flur. Der Nervenstrang des Hauses ist in der Art kommunizierender Röhren mit allen anderen Räumen verbunden. Daran ist die Moderne nicht unschuldig. Bereits Bruno Taut schwärmte 1924 vom großen Aufräumen, und er meinte nicht etwa Unterhosen in Sofaritzen: „Wenn aus einer Wohnung nach strengster und rücksichtslosester Auswahl alles, aber auch alles, was nicht direkt zum Leben notwendig ist, herausfliegt, so stellt sich von selbst eine neue Schönheit ein." Mit der Digitalisierung gehen wir tatsächlich in diese Richtung: Selbst die Ingredienzien eines Intellektuellenhaushalts lassen sich inzwischen auf Tablets und Plasmabildschirmen unterbringen, und was bleibt, ist ein Materiallager des Alltags.

Der Münchner Architekt Peter Haimerl ließ schon vor Jahren in einer Computersimulation virtuellen Staub durch Grundrisse wirbeln, um tote Winkel zu identifizieren, perfekte Orte für Einbauschränke und andere nützliche Dinge, die sonst nur im Weg herumstehen – als Garderobe, Schuhschränkchen und Ablagen. Da hilft nur noch eines: radikalisieren. Entweder richtig groß – oder weglassen. Das meint auch Philipp Reichelt, Partner von Grünecker Reichelt Architekten: „Ein Flur sollte großzügig sein, oder man sollte ihn in der Planung vermeiden. Als reiner Verbindungsgang ist er fragwürdig."

Wie man es auch dreht und wendet: Raum bietet der moderne Flur kaum. Kein Wunder, dass so viele Wohnberater mit (heller) Farbe die fehlende Weite (um nicht zu sagen: Großzügigkeit) der Diele wenigstens optisch kaschieren. Wenn also wieder der Rollcontainer unter der Treppe landet oder die neuen Schuhe nicht mehr in den Container passen, sollte man etwas Gelassenheit zeigen. Das müssen nämlich auch die Nachbarn, wenn bei Regen das Bobbycar im Hausflur zum Einsatz kommt. Es sei denn, der ist auch dafür zu schmal.

# Heißes Herz:
# *Küche*

Ettore Sottsass war berüchtigt dafür, sich bei abendlichen Einladungen in fremde Küchen zu schleichen. Als Designer liebte er schließlich die „geheimnisvollen Orte hinter der Bühne, an denen man die Zutaten für eine Art heiliger Vorstellung vorbereitet." Mag auch das Geheimnis mancher guten Speisen geblieben sein, heute öffnet sich die Bühne freiwillig ihren Zuschauern. Wir kochen zusammen und speisen im Kreis der Freunde, die sich um den Küchenblock versammeln wie einst die Sippe um das Lagerfeuer. Moderne Küchenlandschaften verschmelzen Arbeiten und Wohnen, Erlebnis und Gemeinschaft.

Das hat Konsequenzen für ihre Organisation. Wer heute eine Küche betritt, steht oft inmitten einer offenen Wohnlandschaft, die weder Türen kennt noch Durchreichen oder gar Mauern. Alle sind auf der Bühne, Gastgeberinnen wie Gäste. Geschirr und Töpfe werden ostentativ präsentiert oder sind verschwunden wie die Oberschränke der optimierten Kleinküchen. Selbst stahlglänzende Oberflächen, lange Zeit Zeichen höchster Professionalität, wurden abgelöst durch Holz und Natur. Manchmal zeigt nur noch ein Wasserhahn, dass hier tatsächlich gearbeitet wird. Technik ist da, sobald sie gebraucht wird, verbirgt sich aber sonst hinter Wohlfühl-Oberflächen.

## Lob der Wohnküche

Nirgends lassen sich Moden so deutlich ablesen wie in der Küche – und natürlich auch der Geldbeutel der Nutzerinnen und Nutzer. Ein Trend jagt den nächsten. Da boomen Repräsentationsküchen und raumoptimierte Mikroküchen. Manche Wohnungsangebote in europäischen Metropolen verzichten sogar schon auf einen Herd: Kühlschrank und Mikrowelle müssen angesichts explodierender Mietpreise reichen. Ob (notgedrungen) klein oder verschwenderisch groß – alle verbindet ein Ideal: Die Wohnküche hat sich aus der Enge der Einbaulösungen befreit und ist wieder zu einem Ort der Gemeinschaft geworden. Jeder schwärmt von ihr. Sofort sehen wir eine lange Tafel vor uns, an der wir uns versammeln, um mit Freunden (und Freude) zu kochen. Während die einen die Vorküche übernehmen, entkorken die anderen schon mal den Wein unter dem Vorwand, er müsse atmen. Familie und Freunde, hier kommen alle zusammen. Töpfe klappern, Musik und Worte schwirren durch den Raum, es duftet nach frisch gehackter Petersilie, und für einen Augenblick kommt die Sippe wieder zu sich. Der Alltag ist vergessen. Jeder Handgriff sitzt. Wir sind zusammen. Wir haben ein Ziel.

Die Wohnküche ist eigentlich ein Relikt des 19. Jahrhunderts, mit dem die Moderne Schluss machen wollte: Schluss mit Mief und schlechter Hygiene, Schluss mit unproportionierten Wohnschnitten. Die optimierte Küche der Moderne war eine kleine Fabrik, angelehnt an rollende Zugküchen. Jeder Handgriff war berechnet. Nichts war überflüssig in der raumsparenden Kombüse. Hermann Muthesius sprach 1917 von „technischen und gesundheitlichen Räumen, wie Bad und Küche, die jenen Geist atmen, den wir aus dem schön ausgestatteten Maschinenraum der großen Fabrik kennen." Seine Prognose: „Die Innenausstattung unserer Wohnungen wird glatt, schlicht und praktisch, nachdem sie aufdringlich und überladen war." Die neue Kochwelt, das ist vor allem Margarete Schütte-Lihotzkys Frankfurter Küche mit ihrer tayloristisch geprägten Gestalt. Die Wiener Architektin wollte beweisen, dass „Einfachheit und Zweckmäßigkeit nicht nur Arbeitsersparnis bedeuten, sondern, verbunden mit gutem Material und richtiger Form und Farbe, Klarheit und Schönheit"[3] darstellen. Es entstand ein modernes Kochlabor mit kurzen Wegen, praktischen Schütten und Fächern. An alles war gedacht: Lebensmittel hatten ihren Ort – und Küchenabfälle auch. Dass aus der zweckoptimierten Küche schließlich die schnöde Einbauküche wurde, die in zahlreichen Mikroapartments weiterlebt und deren Name bereits nach Tiefkühlkost und Fertiggerichten klingt, konnte die große Architektin nicht ahnen. Nun vereint die Wohnküche 2.0 das Beste zweier Welten – der gemeinschaftlichen Wohnküche wie der technologisch optimierten Frankfurter Küche. Was in der WG nie so geklappt hat, hier soll es gelingen. Wir kochen nicht mehr versteckt, während sich die Gäste um einen Couchtisch drängen, wir holen sie dazu. Hier ist nichts zu verbergen – und so sieht die neue Kochstatt auch aus: Sie wandelt sich zu einem Wohnraum, der freimütig Teile der Küche im Wohn-Koch-Zimmer verteilt, besonders, wenn einzelne Objekte nicht mehr eindeutig dem Bereich der Dämpfe und Gerüche, der Hitze und der Arbeit zugeordnet werden können, sondern selbst Show-Objekte sind wie eine Serie glänzender Kupferpfannen an der Wand. Die Bühne steht bereit. Jetzt braucht es nur noch einen Anlass, Freunde einzuladen. Das gemeinsame Kochen steht im Mittelpunkt, der Event-Charakter der Einladung. Alle machen mit, alle sitzen dann an einem langen Tisch, der Kochen und Wohnen zwanglos verbindet.

## Eine Frage der Ausstattung: Status-Küchen

Der freistehende Küchenblock mit fast unsichtbarer Dunsthaube oder integriertem Dunstabzug ist fast schon Standard im gehobenen Wohnen. Und mit ihm edle Optik. Die Ausstattung bestimmt den Status, ob hier nun gekocht wird – oder nicht. Materialien rücken in den Mittelpunkt, die man entweder nie rund um den Herd vermutet hätte oder die bislang schwer zu verarbeiten waren: Gewürzmischungen werden an magnetischen Oberflächen geparkt, Trennwände verschwinden per Knopfdruck, Hochleistungskeramik verspricht kratzfeste Oberflächen, und Möbel aus Corian erlauben fugenlose Verbindungen. Daneben halten Hölzer wieder Einzug in die Kochlandschaft, fein marmorierte von Obstbäumen, oder auch massive Steinplatten für die Ewigkeit.

Rund 20 Jahre hält im Schnitt eine Einbauküche[4], abhängig freilich von der ursprünglich gewählten Ausstattung und der täglichen Nutzung, und immer mehr Käufer entscheiden sich für etwas mehr Luxus beim Kochen. Seit Jahren wächst das Segment der gehobenen Küche. Für alle anderen bleibt wohl nur der Griff zum Handy, um mal schnell eine Pizza zu bestellen. An der Küche scheiden sich eben Geister und Geldbeutel: hier Wellness am Herd für LOHAS, dort Speed-Cooking für alle, die sich keine Zeit nehmen können oder wollen. Hier die exklusive Wohnküche, dort die raumoptimierte Kochzeile.

Sättigungsbeilage war gestern: Heute ist der Kochlöffel eher Teil einer Wissenschaft, wenn nicht gar Kunst. Wir sind konditioniert auf Hochleistung in den eigenen vier Töpfen, uns wird eingeredet, dass ein einfaches, womöglich sogar liebevoll zubereitetes Gericht nicht mehr reicht. Es muss schon ein Kniff dabei sein, ein besonderes Gewürz, eine außergewöhnliche Kombination und natürlich der passende Wein. Das hat Folgen: Zeige mir deine Geräte, und ich sage dir, wer du bist. Dampfkocher, Shake-Mixer und Induktionsherd sind da eher noch Einstiegsmodelle, gefolgt von Sous-vide-Garern, Weinkühlschrank mit diversen Klimazonen und Dampfkochherd – und natürlich weiß jede ambitionierte Hobbyköchin sofort, was ein planetarisches Rührsystem ist.

Sagenhafte 99,9 Prozent der Haushalte verfügten 2020 laut Statistischem Bundesamt[5] über einen Kühlschrank, 86 Prozent über eine Kaffeemaschine und 76,6 Prozent über eine Mikrowelle. In manchen Küchen finden sich einzigartige Nudelmaschinen oder eine Art Wäscheständer für die eigene Pasta, die dann zu eigens gezogenen Kräutern und wallonischer Bio-Butter serviert wird. Die überbordende Ausstattung privater Haushalte beweist, dass Wachstum oft nur noch in der Ersatzbeschaffung liegt. Wir haben alles, und das oft zweifach, dreifach. All die Überbleibsel wechselnder Koch- und Küchenmoden – Wok, Fonduetopf, Raclette und Co. – verstauben in irgendwelchen Schubfächern. Ein Schicksal, das wohl auch Geräten wie dem Thermomix droht.

Wohin aber mit all den Geräten, Updates und Aufrüstsätzen? Schon in den fünfziger Jahren bot Walt Disney in seinen Experimentalhäusern rotierende Oberschränke, die elektrisch betrieben wurden. Seither kämpft jede Küche mit Stauraum, auch, weil eine Speisekammer (die manchmal sogar einen kleinen Kühlschrank ersetzt) Luxus geworden ist, sprich im regulären Grundriss nicht mehr vorkommt.

## Vorräte – nein danke

Corona brachte die Wende: Vorräte sind doch nicht nur etwas für Prepper und Menschen, die noch selbst schlechte Zeiten erlebt haben. Keine Ahnung, wohin all die gebunkerten Klorollen verschwunden sind: unters Bett, zwischen die Regale, verborgen unter alten Auto-Häkelhütchen oder – säuberlich gestapelt – als neuer Torbogen über der Toilette? Früher jedenfalls gab es einen Ort, wo Vorräte – ein schön verstaubter Begriff, der gerade eine erstaunliche Renaissance erfährt – untergebracht wurden: in der Speisekammer, zusammen mit Dutzenden Einweckgläsern, Dosen und Marmeladen. Die Speise, wie sie in Kurzform meistens hieß, war ein geheimnisvoller Ort, einer, der kühl und trocken war und am besten nicht zu weit weg von der Küche. Sie war der Bauch des Hauses, sein kulinarisches Gedächtnis, eine Mischung aus Miniatur-Hochregallager und Schlaraffenland. Doch wie im Paradies war der Sündenfall nicht weit.

Eine Speise hatte immer etwas Verlockendes, weil zugleich Abgründiges. Das Licht kam von einer nackten Glühbirne, die irgendwo über den Köpfen baumelte, und die Ordnung der Regale hatte etwas Manisch-Militärisches. Unten die schweren Dinge, die Säcke mit Zwiebeln und Kartoffeln, darüber Reihen von Dosen: Erbsen, Bohnen und Seltsames wie Corned Beef. Über dem Dosenfleisch folgten selbst eingeweckte Weichseln und anderes Obst. Schließlich Reis, Eier und Nudeln sowie Gemüse aus dem eigenen Garten. Ursprünglich hingen noch die Würste von der Decke, getrocknete Schinken, Wildbret. Auf jeden Fall keine Kiwi, keine Glasnudeln, weder Papaya noch Zucchini. Die Speisekammer war noch Ende der Siebzigerjahre gefüllt mit Kohlehydraten und Haltbarem, das immer wieder gewendet und überprüft wurde: Dosen und Konserven mit dem geringsten Haltbarkeitsdatum nach vorne, alles andere durfte langsam vor sich hin stauben. Wahrscheinlich gab es auch einen Alkoholvorrat: Bier und Rotwein, aber das interessierte die Kinder nicht so sehr. Viel verlockender waren Süßwaren, die irgendwo vergessen worden waren und nach einiger Zeit gemeinfrei wurden. Die Packung Gummibärchen hinter den Marmeladen jedenfalls sah so aus, als könnte sie gefahrlos ins Kinderzimmer verlegt und dort verspeist werden.

Eine Speisekammer war natürlich praktisch, verlangte aber ein Mindestmaß an Pflege. Das übernahmen der wöchentliche Einkaufszettel und der Speiseplan. Wer hier die Übersicht verlor, musste womöglich sieben Tage am Stück halbabgelaufene Speisen verwerten. Denn zum Wegwerfen war das doch zu schade. So eine Speise zeigte, wie die Organisation namens Familie idealerweise funktionierte – aufgeräumt und ohne Überraschungen. Selbst für drei Personen kommt da einiges zusammen. Wer eben mal auf den „Grundnahrungsmittelvorrat“[6] des Bundesministeriums für Ernährung und Landwirtschaft für drei Personen und 28 Tage schaut, erhält eine pfundige Übersicht: 29,4 Kilogramm Getreideprodukte, Brot, Kartoffeln. Dazu 33,6 Kilogramm Gemüse und Hackfrüchte neben 21,6 Kilogramm Obst, 168 Liter Getränke, 22,2 Kilogramm Milch und Milchprodukte, schließlich 12,6 Kilogramm Fisch, Fleisch und Eier sowie drei Kilogramm Fette und Öle. In Zeiten der Hamsterkäufe erscheint Mutters disziplinierter Einkaufszettel nicht mehr so lächerlich wie noch vor einiger Zeit. Vorräte können plötzlich gar nicht groß genug sein – ein Gedanke, der fast an die Vormoderne erinnert, an Zeiten, als Menschen noch selbst Gärten pflegten und Lieferdienste unbekannt waren. Architekt und Provokateur Adolf Loos riet in seinem Vortrag „Die moderne Siedlung“ schon 1926 übrigens zu einer gewissen Übertreibung: „Die speisekammer kann übertrieben groß sein“, riet der Architekt. Sie diente zur „aufbewahrung aller früchte und des gemüses“[7]. Das Adolf-Loos-Haus in der Wiener Werkbundsiedlung hatte ganz selbstverständlich die Speisekammer neben der Küche im Erdgeschoss. Es konnten ja schlechte Zeiten kommen.

Irgendwann jedenfalls war die große Zeit der Speisekammern vorbei. Parallel zur Just-in-Time-Wirtschaft und prall gefüllter Supermärkte schien es geradezu verrückt, selbst Vorräte zu lagern und zu bewirtschaften. Es gab ja alles – und man musste nur die Hand ausstrecken, etwas für den Abend mitnehmen oder sich das Essen liefern lassen. Im Keller verblieb eine Art Restelager, ein gleichfalls dunkler Raum mit surrender Kühltruhe, vollgestopft mit Fleisch jeder Art, Pizza, Vanilleeis und Pommes zum Aufbacken.

Endgültig erledigt schien die Speisekammer, als Berichte von Preppern nahelegten, dass bestimmte Menschen Vorräte für den Tag X des Weltuntergangs oder der „Revolution“ anlegten: eine ungute Mischung aus Batterien, Wasseraufbereiter, Kerzen, Dosen und Verschwörungstheorien. Durch Corona wissen wir es nun besser, trotz aller Lieferdienste, die Einkäufe homöopathisch und zehn Minuten nach der Bestellung nach Hause zu liefern. Hamstern kann ziemlich eintönig sein.

## Kleine Küchen-Psychologie

Der Ort, an dem jede gute Party beginnt und meist auch endet, ist eigentlich gar kein Raum, sondern eher ein Zustand. Ein Lebensgefühl. Hier leben wir, checken Mails und treiben die

Kids zu Hausarbeiten und Tele-Learning an. Instinktiv versammelt sich die Patchwork-Familie. Trendsetter und Kreative bekennen sich offensiv zur Küche, und viele sind sich einig: Der Ort rund um Herd und Tisch ist der wichtigste überhaupt. Daher ist die Wohnküche Inkarnation einer besseren Welt des Zusammenlebens. Die Liebe zum gemeinschaftlichen Essen schlägt sich nicht nur in Einschaltquoten von Kochshows nieder, sondern auch in Geschäftszahlen der Küchenhersteller.[8]

Zwischen Vorspeise und Hauptgericht spielen sich indes manche Alltagsdramen ab. Männer können die neueste Technik zur Schau stellen. Und Frauen ihren Sinn für Ambiente. Jenseits aller Stereotype markiert der Herd offenbar doch so etwas wie eine Bruchlinie der Geschlechterrollen. Während die Frau unter der Woche – gewissermaßen zur Flatrate – neben dem Job den Laden schmeißt, greift der Mann als Premium-Angebot an Feiertagen oder am Wochenende ein. Kochen ist ein Hobby, das sehr ernst genommen wird, und Geräte sind Statussymbole. Kein Wunder, dass die Küchenausstattung zur Chefsache gerät und in ihrer Mischung aus Hightech (Induktionsherd, Fleischthermometer, Sous-vide-Technologie und Präzisionswaage) und Basics (Kupfertöpfe, Gasherd) dem Auto inzwischen den Rang abgelaufen hat. Nicht nur gestressten Managern bietet der Herd Entspannung, ohne dass sie auf Kontrolle verzichten müssten. Der Braten kommt à point oder besser: just in time auf den Tisch, Zutaten sind auf das Zehntelgramm abgewogen, wie es im Rezeptbuch steht, oder doch genial improvisiert. Solche Präzision findet sich sonst nur bei Uhrenliebhabern und spiegelt sich zunehmend in einer ausgefeilten Küchenplanung, die Funktion und Lebenslust verbindet und keine Ecke dem Zufall überlässt.

Der soziale Aufstieg der Küche war offenbar unvermeidlich[9], und er ist die Kehrseite boomender Lieferdienste und Convenience-Produkte, die nur mal kurz in die Mikrowelle gestellt werden müssen. Küche: das ist die Magie der Gemeinschaft, die zusammenkommt, auch wenn sich die in der klassischen Form immer seltener findet. Offenbar läuft eine Parallelentwicklung statt. Wir sourcen immer mehr Koch-Kompetenz an Profis aus oder greifen zu vorgefertigten Waren, die möglichst schnell und einfach aufgewärmt werden – und greifen dafür am Wochenende wieder lieber zum Kochlöffel, um etwas zu spüren, was uns die Moderne durch ihre Effizienz genommen hat: die Mahlzeit für sich und andere zuzubereiten – und sei es mit Hilfe von Kochboxen, die zumindest den Gang zum Markt übernommen haben und die mit gelingenden Rezepten Schritt für Schritt antreten. Bequemlichkeit auch hier. Kochen wird schneller und zugleich raffinierter. Wie das? Die Ansprüche steigen – und mit ihnen die Ausstattung der eigenen Kochwerkstatt. Mit Corona und dem Einzug des Homeoffice änderten sich wieder manche Routinen. So zeigt eine repräsentative Umfrage[10], dass 2021 in mehr als der Hälfte der Haushalte täglich gekocht wird, genauer: in 52 Prozent, ein Corona-Plus von über zehn Prozent gegenüber den Vorjahren. Offenbar ist die Küche weiter im Wandel. Da lockt die Smart Kitchen[11] mit immer neuen Online-Rezepten (gewissermaßen mit dem Kochwissen der ganzen Welt). Natürlich werden wir auch in Zukunft noch kochen, aber die Mittel dazu verändern sich gerade beträchtlich.

## App in die Küche!

Was bringt die Zukunft? Induktionsherd, Sous-vide-Technologie und Fleischthermometer sind längst im gehobenen Haushalt angekommen. Ebenso der Dampfgarer. Der nächste Schritt liegt auf der Hand: Die Küche wird interaktiv. Wir sollten den Kochlöffel zwar noch nicht ganz aus der Hand legen, aber programmierbare Backöfen mit integriertem Dampfgarer übernehmen einen Gutteil der Arbeit. Einfach Garzeitpunkt und Gewicht des Bratens angeben – und schon sorgt ein Programm für den perfekten Ablauf. Vollflächen-Induktionsherde erkennen, welche Töpfe wo stehen und befeuern punktgenau diese Flächen.

Längst setzen Hersteller darauf, verschiedene Geräte untereinander und mit der Außenweit zu vernetzten. In einem „Smart Home“ lässt sich auf einem Tablet oder Smartphone der Inhalt des Kühlschranks vom Supermarkt aus abfragen. So kann man genau das einkaufen, was gerade ausgeht – oder für ein bestimmtes Gericht fehlt. Ein optionaler „Smart Manager“ empfiehlt Rezepte. Service dank vernetzter „weißer Ware“. Die aktuellen Trends der Arbeitsgemeinschaft „Die Moderne Küche“ klingen dagegen schon etwas verhalten: „Es soll alles unkompliziert und intuitiv zugehen, beispielsweise per Sprach- und Gestensteuerung. Dann reagieren Kühlschrank und Backofen auf Zuruf, einen Wink oder einen Fingertipp. Geräte sind miteinander und übergreifend mit der Haustechnik vernetzt, Stichwort Connectivity und Smart Home. Assistenzsysteme unterstützen bei Dosierung und Wartung, so beim Geschirrspüler oder Kaffeeautomaten. In offenen Grundrissen wird großer Wert daraufgelegt, dass sämtliche Geräte extra leise arbeiten. In ihrer Bedeutung halten sich Funktionalität und Energieeffizienz die Waage.“[12]

Die große Küchenschlacht geht um Kalorien und Connectivity. Und um die Frage, was die ultimativen Küchenhelfer von morgen selbstständig an Informationen über ihre User so alles sammeln. Das ist nichts Neues. Im Grunde holt die Küche nur nach, was Telefon und Auto schon hinter sich haben: Assistenzsysteme greifen uns unter die Arme – ob wir es wollen oder nicht. Vieles dürfte unterhalb unserer Wahrnehmungsschwelle ablaufen. Dann braucht es eigentlich nur noch User, die das auch zu schätzen wissen.

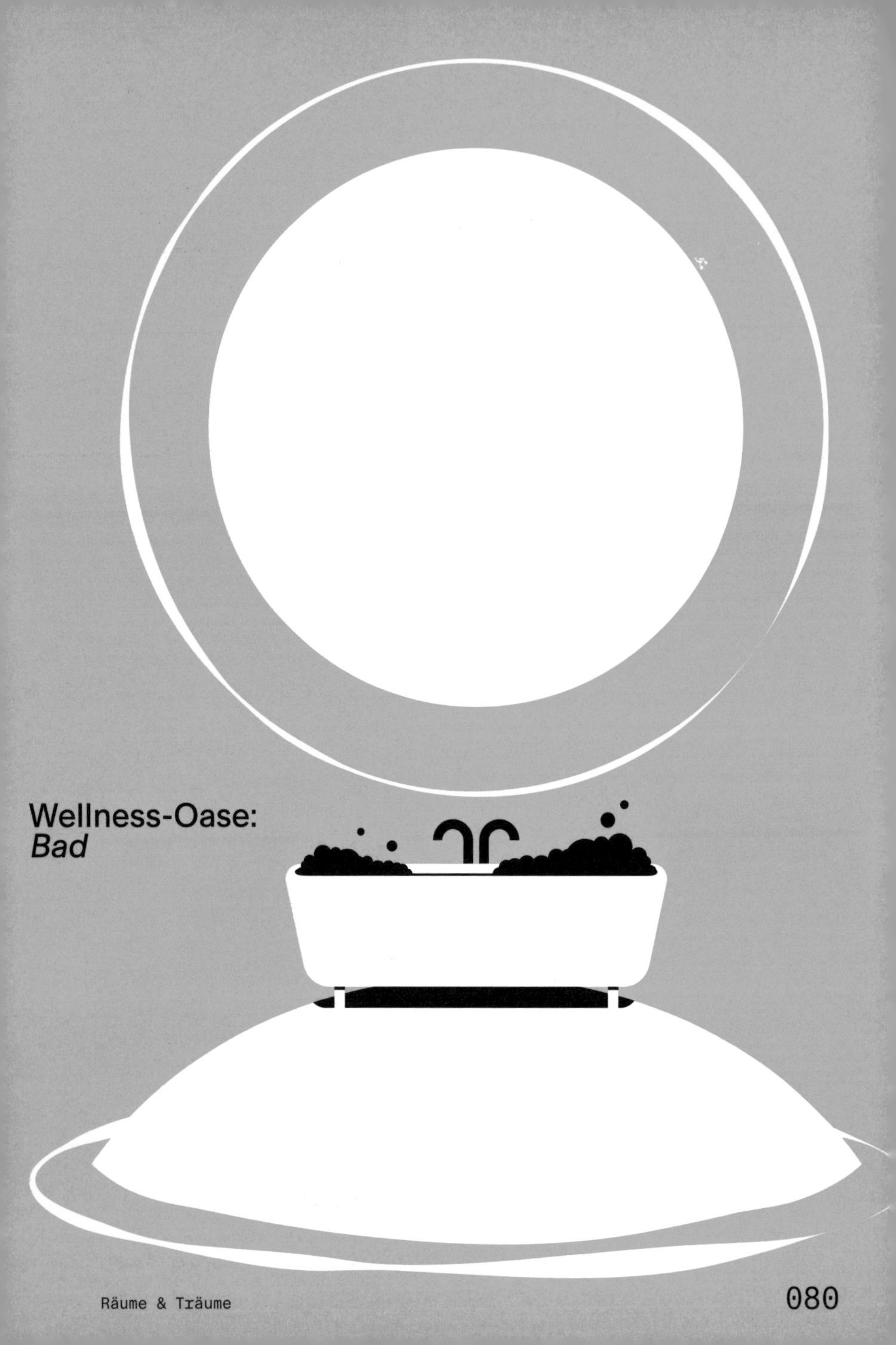

# Wellness-Oase: *Bad*

Früher, also vor der Immobilienblase in deutschen Innenstädten, gab es zwei Killer-Kriterien, die Mieter oder Käufer zurückschrecken ließen, etwas Neues zu beziehen: Keinesfalls durfte der Balkon fehlen – und das Bad musste ein Fenster haben. Zumindest für die Nasszelle gilt dieses Anforderungsprofil nicht mehr. Das innenliegende Bad ist längst Standard, auch, weil sich kompakte Grundrisse sonst gar nicht mehr (oder zumindest schwerer) realisieren lassen. Das hat Folgen für die Ausstattung des Bades. Nein, nicht so sehr für Läufer und Sitzpolster (wer hat denn die noch?), sondern vielmehr für das Licht, das einen zu den sensibelsten Zeiten des Tages empfängt: morgens und abends. Niemand möchte schließlich in den Spiegel schauen, und ein Zombie blickt zurück. Was früher Halogenbirnen übernahmen, das warme Licht des Morgens auf den noch immer schlaftrunkenen Körper zu werfen, erledigen mehr und mehr LED-Leuchten, die so ziemlich alles können, sogar einen Sonnenaufgang über die Baddecke fluten lassen oder für die Eulen unter den Badbenutzern spezielle Farb- und Lichtstimmungen zaubern. Kaltes Neonlicht oder grünstichige Stromsparbirnen jedenfalls haben im Badezimmer nichts mehr verloren, auch wenn es sie in tausendfacher Form noch gibt, zumeist in Hotelketten, die ihre Nasszellen als Komplettbausätze kaufen und in den Rohbau wie überdimensionale Kapseln einklinken. Kein Wunder, dass die Vollplastikräume auch so wirken: wie billiger Weltraumschrott.[13]

Überhaupt ist das Wohnen auf Zeit, das manche Hotels in Perfektion verkörpern, zu einem neuen Benchmark unserer eigenen Standards und Wünsche geworden. Farben, Materialien und Raumschnitte tauchen immer öfter auch bei privaten Bauherren auf. Plötzlich sieht alles so clean, perfekt und irgendwie steril aus wie im Urlaub, samt beiger Wand, geölten Hölzern und Mehrfachdampfdüse in der Dusche. Früher wollten wir wohnen wie in Wohnzeitschriften, heute wollen wir wohnen wie im Fünf-Sterne-Hotel. Das hat eigenartige Konsequenzen. Zum Beispiel steht die Wanne (feucht, warm) immer öfter direkt neben dem Schlafzimmerbett (gerne kühl, aber unter der Bettdecke darf es ruhig kuschlig sein). Schon vor rund einem Jahrzehnt begannen Hotels, die beiden Intimzonen zu verschmelzen, manchmal rutschte man aus dem Bett gleich in die Wanne, meist jedoch trennen große

Glasscheiben Dusche und Waschbecken vom Wohnraum. Das ist ganz schön für einen Urlaub, aber ist es auf Dauer praktikabel im eigenen Haus? Dahinter steckt ein fundamentaler Wandel auch der Intimität. Was einst schamhaft versteckt und verborgen wurde, wetteifert nun mit dem Repräsentationsraum von einst, dem Wohnzimmer. Erst ging es der Küche so, in der nun an langen Tischen Gäste und Gastgeber sitzen, dann kam das Bad dran, das inzwischen als kleiner Wellnesstempel herhalten muss, um gehobene Ansprüche zu dokumentieren. Wasserkultur: diese Idee sickerte langsam vom Hochadel in die bürgerliche Arbeitswelt.

Noch im Barock brauchte es Pavillons voll holländischer Fliesen und Wasserhähne mit vergoldeten Delfinköpfen, um das Türkische Bad dorthin zu bringen, wo unter Puder und Perücken oft nur Gestank war. Das erste beheizbare Hallenbad seit der Antike errichtete Oberhofbaumeister Joseph Effner zwischen 1718 und 1722 im Schlosspark von Nymphenburg. Die Badenburg diente dem bayerischen Kurfürsten Max Emanuel als Ort erotischer Freuden. Doch es dauerte ein gutes weiteres Jahrhundert, bis Ludwig II. 1875 die Moderne einläutete. In Schloss Linderhof ließ er Capris Blaue Grotte nachbauen. Technik und Romantik wurden damit zum Traumpaar, das sich bis heute nicht mehr trennen lässt. Wellenmaschine und elektrische Beleuchtung schufen eine Traumwelt: Im Muschelkahn ließ sich der Märchenkönig zu Klängen von Richard Wagner zu einem künstlichen Regenbogen rudern. Ein elektrisch betriebener Projektionsapparat machte die perfekte Camp-Inszenierung möglich. Verglichen damit nehmen sich heutige Wellnesstempel trotz Regendusche und ausgefeilter Lichtstimmung noch immer bescheiden aus.

Das soll sich jetzt ändern: Drahtlose Schalter und vernetzte Systeme lassen neue Geometrien zu. Ultraflache Displays verschwinden bündig in der Wand oder werden zu handlichen Fernsteuerungen, mit denen nicht nur Licht und

Lichtfarbe, sondern auch Wassertemperatur, Intensität oder Position des Duschstrahls gesteuert werden können. Das smarte Bad bietet womöglich auch bald Musikwellness samt HiFi-Qualität: Erste Hersteller bieten Akustikwannen an, als Teil eines umfassenden Soundsystems aus Körperschallwandlern und digitaler Steuerungsbox. Per Bluetooth lassen sich fortan Musikbibliotheken abspielen. Schall- und Wasserwellen ergänzen sich dann perfekt. Musik fördert die Tiefenentspannung, und die Wanne wird zum Resonanzkörper.

In Zukunft versprechen Sanitärhersteller noch mehr: barrierefreie Bäder mit „hohen Aufenthaltsqualitäten". Moderne Technik regelt alles. Es gibt punktgenau ansteuerbare Massagedüsen, dimmbares Licht, Düfte und den Lieblingssong zum Aufstehen. Im Bad der Zukunft reicht ein Fingerschnippen, um das Licht zu regulieren, und ein Wort, um die Wassertemperatur zu regeln. Dazu kommt eine Badgeometrie, die einen auch jenseits des Ruhestandes unterstützt.

Alt ist man ja nicht über Nacht, es kommt eher schleichend. Spätestens, wenn man das Bein nicht mehr einfach so über den Badewannenrand schwingt, ist vielleicht ein neues Bad angesagt, eines, das sich den kleinen Zipperlein am Morgen nicht in den Weg stellt. So schwer sich Barrierefreiheit in deutschen Häusern auch tut, das Bad ist gewissermaßen das akzeptierte Einfallstor für Dinge, die auch im Alter noch funktionieren sollen und die so ganz nebenbei allen das Leben etwas leichter machen, wie die bodengleiche Dusche, die böse Stolperfallen beseitigt.

Das Bad hat eine erstaunliche Karriere zum alltäglichen Luxusgut hingelegt. Von der Nasszelle zum Superplanschbad, zur ganzheitlichen Erlebniswelt, die noch individueller auf unsere Bedürfnisse eingeht, von der richtigen Temperatur bis zum richtigen Klang. Bald haben wir erreicht, was uns die Römer vor zweitausend Jahren vormachten. Wasser ist

Wohlstand, nicht nur Hygiene und Körperkult. Barrierefreie Grundrisse und neue Technologien sorgen dann womöglich dafür, dass wir lange in der eigenen Wohnung bleiben können.

# Abhäng-Lounge: *Wohnzimmer*

Das analoge Wohnzimmer ist tot. Statt starrer Möbel und spärlicher Nutzung wandelt es sich zu einem multifunktionalen Raum, in dem wir essen, spielen, Freunde treffen und manchmal sogar noch fernsehen.[14]

Erstaunlich lange hielt die gute Stube allen Veränderungen der Moderne stand. Mochte draußen auch Kalter Krieg herrschen, Waldsterben oder Demonstrationen gegen Atomkraft und Dieselfahrzeuge: der Ort bürgerlicher Selbstdarstellung verharrte in einer Art Winterschlaf. Wohl wurden die Möbel mit der Zeit etwas leichter und heller, die Schrankwand löste sich in mehr oder weniger transportable Teile auf, doch im Grunde blieb der Raum ein Abbild der guten analogen Zeit. Ein Widerspruch wurde freilich immer deutlicher. Obwohl selten von allen genutzt, nahm das Wohnzimmer rund ein Drittel der Gesamtfläche typischer Wohnungen ein, etwa 20 bis 50 m². Damit ist wohl endgültig Schluss.

Die Digitalmoderne wischt Gewohnheiten und Accessoires vom Tisch. Wer sitzt an einer Tafel mit gestärkter Tischdecke und Platztellern, während Kinder und Gäste an Mobilgeräten chatten, teilen und liken? Wer sieht in Bleikristallgläsern etwas, das man Gästen zeigen müsste, wenn es dauernd heißt: „simplify your life“ und weiße Wände zum Inbegriff von Freiraum und Luxus werden? Wer kauft meterweise Regale, wenn Bücher und Compact Discs von Spotify und digitalen Lesegeräten eingesaugt werden? Wer wirft sich in einen schweren Sessel, wenn selbst der Fernseher, lange Zeit Nachfolger des Hausaltars, nicht mehr Herrscher der Freizeit ist, sondern das mobile Endgerät?

Wie man es auch dreht und wendet, das klassische Wohnzimmer hat seine Aufgabe als Showroom von Kultur, Ordnung und Wohlstand der bürgerlichen Familie verloren. Was fand da eigentlich statt? Der Tübinger Autor Marcus Hammerschmitt erinnert sich eher ungern: „Das Wohnzimmer meiner Kindheit und Jugend war ein starrer Raum, der der Repräsentation diente. Formale Mahlzeiten an Sonn- und

Feiertagen, eine simulierte Gemütlichkeit bei Familienfesten und gelegentliche Fernsehabende der stumpferen Natur bestimmten seinen Gebrauch." Hammerschmitt benennt die Ingredienzien des Zimmers: „Der gute Tisch stand dort, das gute Geschirr wurde dort verwahrt, es war ja auch die gute Stube. Nur eins geschah dort nicht: Es wurde dort nicht mit der Selbstverständlichkeit gewohnt, die der Name versprach." Wie aber steht es mit den Ingredienzien der Gemütlichkeit, dem Mobiliar? Es ist immer noch da, wenn auch verwandelt.

## Eigernordwand in Eiche

Natürlich gibt es noch immer die Schrankwand[15], die Polstergarnitur und die Vitrine voller Souvenirs. Doch eigentlich ist das gute alte Wohnzimmer mausetot, wie jene Eigernordwand in Eiche, die es dominierte. Der Schrank stand einmal für den unaufhaltsamen Aufstieg des Bürgertums, das immer mehr Dinge und Statussymbole ansammelte und diese schließlich ausstellen wollte, wie es die aristokratischen und klösterlichen Kabinettschränke des 16. Jahrhunderts vorgemacht hatten. Ein Schrank des Manierismus war ein Stück verkleinerter Architektur, eine augenzwinkernde Mischung aus überbordendem Schnitzwerk – Säulen, Gesimse und Voluten – und dem eigentlichen Aufbewahrungsort für Dokumente und mehr. Er blieb ein Stück für die Ewigkeit: monumental und unbeweglich. Und es dauerte lange, bis der Schrank sich von so viel Deko befreite. Noch im 19. Jahrhundert war er repräsentativ und wuchtig.

Bauhaus, Pressspan und Geometrie brachten die Wende und ein Jahrhundert der Funktion. Doch die bürgerliche Schrankwand war nie nur schlank und filigran, sondern ein Kraftpaket in Eiche. Bis in die sechziger Jahre des letzten Jahrhunderts hatte sie das meist viel zu kleine Wohnzimmer im Griff. Tische, Sessel und Kommoden spielten nur die zweite

Geige. Sie war der Blickfang. Unverrückbar. Wie für die Ewigkeit gezimmert. Hinter maschinell geschliffenem Glas standen Römer, in der Schublade lauerten diverse Besteckkästen, und zwischen Bücherbund-Klassikern thronte die HiFi-Anlage, während der Fernseher verschämt im Wandschrank verborgen war, was paradoxerweise seine Präsenz erhöhte. Spätestens, wenn die Läden aufgeklappt wurden wie die Flügel eines Altars, kam der Fernseher wieder zum Vorschein, als Objekt der Anbetung, um das sich die Familie versammelte, um die (oft gar nicht so) frohen Botschaften in Form der abendlichen Nachrichten zu empfangen. Mit dem verschämt-sakralen Phonomöbel hatte sich also ein Kreis geschlossen. Denn der Schrank war immer mehr als eine bloße Möglichkeit, die Dinge des Alltags aufzubewahren. Er war eher eine Idee und bot ein Versprechen auf immerwährende Gemütlichkeit. Der Schrank hatte alle Kriegswirren überstanden und blieb unverrückbar er selbst. Die Welt mochte sich verändert haben, das Wohnraumbuffet tat so, als gäbe es noch einen bürgerlichen Salon.

Inzwischen hat sich das Schrankproblem im Wohnzimmer weitgehend gelöst. Es gibt ihn nämlich nur noch in abgeschwächter Form, harmlos wie ein Schnupfen im Vergleich zur echten Grippe, mit aufgelösten Fronten und viel Wand. Das Wohnzimmer ist ja auch nicht mehr der Repräsentationsort, sondern eher ein temporärer Vielzweck-Arbeits-Spaß-und-Multimedia-Raum. Die Kampfzone hat sich dafür ins Schlafzimmer verlagert, in dem traditionsgemäß auch die Kleider Platz finden. Hier tobt die Schlacht um Stauraum und Quadratzentimeter, damit noch irgendein Stück, irgendeine Bluse oder Handtasche, dazu Schuhe oder Anzüge aufbewahrt werden können.

Neben Wohnzimmerschrank und Sideboard galt der Perser als Zeichen gehobener Wohnkultur, als Ausweis von Geschmack und Weltläufigkeit – und für manche sogar als schönste Form der Geldanlage. Vorbei. Wer sich gerade durch Online-Verkaufsportale klickt, kann an einem Abend gleich tonnenweise „100 Prozent echte, handgeknüpfte" Seidenteppiche erwerben. Da dümpeln wunderbare Stücke vor sich hin, prachtvolle Muster und sagenhafte Farbkombinationen. Manche sogar „ganz sauber" und garantiert nicht aus einem Raucher- oder Tierhaushalt. Es hilft nichts. Selbst Traditionsgeschäfte machten in den Innenstädten eher durch Rabatte, Total-Ausverkauf oder Geschäftsaufgaben von sich reden. Was ist passiert? Offenbar hat der gute alte Orientteppich ebenso an Wert wie an Ansehen verloren. Und das liegt bestimmt nicht an seiner Knüpfdichte oder seinen hervorragenden Eigenschaften. Wer schon mal an einem Wintertag über blanken Fußboden oder einen Perser ging, weiß, wie gut ein Teppich gegen Kälte isoliert, ja gefühlt sogar das Raumklima verbessert. Licht, Feuchtigkeit, Käfer und zu starke Staubsauger: die Feinde eines guten Orientteppichs sind zahlreich. Dazu zählen auch Haustiere, wie es Gerhard Polt so unnachahmlich in seinem Hundesketch vorführte: „Ja Hindemith, gehst du weg da vom Perser!" Davon hat sich das gute Stück offenbar nicht mehr erholt. Mal schnell „Perserteppich" im Netz gegoogelt – und schon kommt als Vorschlag „spießig". Zu sehr ist das Schmuckstück mit einer Generation verbunden, die von Urlaubsfahrten gerne ein solches Stück nach Hause schleppte – oder gleich zwei, drei. Denn verwoben in jeden Teppich waren schließlich immer auch Urlaubsgeschichten, die mit „weißt du noch?" begannen. Schon erstaunlich, was das Wort „Perserteppich" immer noch auslöst. Aber es hilft nichts: Die Zahl der Fernreisen steigt, das Interesse an Orientteppichen sinkt. Seltsam eigentlich, denn in die Lümmelwelten von heute würden sie eigentlich ganz gut passen. „Wo dein Teppich liegt, da ist dein Heim“, lautet nicht umsonst ein persisches Sprichwort. Eigentlich perfekt fürs Zeitalter der Wohnnomaden, die mal schnell die Zahnbürste einstecken und ein Notebook untern Arm klemmen, aber offensichtlich noch über keinen fliegenden Teppich verfügen.

## Fröhliche Collage

Heute (er)leben wir eine fröhliche Collage, die vieles, auch Widersprüchliches, zulässt. Designer Kilian Schindler fordert vom Wohnzimmer nur eines: „Leben!“ Er gibt zu, dass sich Möbel und Elemente auch morgen nicht grundlegend von den heutigen unterscheiden würden. Lediglich die Gewichtungen und die Materialien. „Küche und Wohnen werden zunehmend verschmelzen“, prognostiziert der Gestalter, „das Sofa entwickelt sich zu einer raumgreifenden und raumgliedernden Relaxing-Zone.“ Und weil er den direkten Austausch mit Menschen liebt, sieht er auch die Möbel für Unterhaltungsgeräte aus dem Fokus verschwinden. Schindlers Welt ist eine im Plural, die Raum bietet für persönliche Statements, die Vintage und Hightech vermischt und sich an neue Gegebenheiten anpasst: „Kommen Gäste zum Essen, wird die Tafel verlängert und das Sofa verdrängt.“ Der Tisch, besser die Tafel, gehört zwingend dazu: zum neuen, nennen wir ihn mal Wohn-, Familien- und Freunde-Raum. So vielfältig wie die Bezeichnungen ist auch die Ausstattung eines solchen Freiraums. Was sich ständig verändert, braucht keine Einmalmöblierung, die sich im Laufe der Zeit abnutzt und auf einen Schlag ersetzt werden muss. Vor gar nicht allzu langer Zeit waren viele stolz, kein einziges Stück übernommen zu haben. Heute ist der Gang zum Vintage-Händler festes Ritual des Samstagnachmittags. Entsprechend kann in einem Wohnraum vieles zusammenkommen: Regale und Spielkisten, Monitore und Stuhlsammlungen. Zu sehen ist eine bunte Collage mit hohem Spaßfaktor.

War das Wohnzimmer einst gekennzeichnet durch schwere Möbel und starre Regeln, wird es langsam zu einem Ort, der diesen Namen verdient. Das Wohnzimmer von der Stange, das noch immer durch die Prospekte mancher Möbelgroßhändler geistert, hat ausgedient, ebenso Schrankwand und Fernsehsessel. Dafür kommt Leben in die Bude, an einer langen Tafel und mit vielen Freunden, die sich unter die Familie mischen. Und weil das große Loft für die meisten unerschwinglich bleibt, richten wir uns in kleinen Zimmern ein, die dafür schon mal gemütlich sein dürfen. Das klingt natürlich zu schön, um wahr zu sein, aber offenbar ist das Wohnzimmer längst urbaner Abenteuerspielplatz und Wunscherfüllungsort. Und weil es keine Denkverbote mehr gibt, sondern nur eine Vielzahl von Möglichkeiten, aus denen sich jede(r) mitnehmen kann, was er/sie will, kehren auch Worte zurück, die es bislang eher im Wortschatz der Großeltern gab, von denen sich eine ganze Generation unbedingt absetzen wollte: Stube, sagt der Münchner Architekt Sebastian Kofink dazu: „Ein Raum, in dem man sich trifft und in dem alles passieren kann." Genau das ist es. Alles ist möglich in dieser neuen „guten Stube". Es bleibt abzuwarten, wann und wie die Wohnungswirtschaft mit neuen Grundrissen auf unser verändertes Wohnverhalten reagiert.

# Chaos im Königreich: *Kinderzimmer*

Bausteine und Spielfiguren überschwemmen Bett und Boden. In der Ecke liegen Bären und Puppen wie in einem Ringkampf. Nur Vorsicht! Jeder Schritt ist gefährlich und könnte in der Ambulanz landen! Chaos im Kinderzimmer ist das wohl häufigste Klischee – auch wenn es zeitweise stimmt. Wer aber hält sich noch an die Grenzen der wenigen Quadratmeter namens Kinderzimmer? Wer Nachwuchs hat, weiß: Die ganze Wohnung ist das Spielfeld – mit Mama und Papa als manchmal hilflosen Spielfiguren.[16]

Austoben im Kinderzimmer? Das ist vor allem eine Sache mancher Eltern, die sich bei der Einrichtung nichts mehr vorschreiben lassen wollen. Hell soll es sein und natürlich, praktisch und wandelbar, dabei natürlich immer besonders. Für die nächste Generation ist nichts zu aufwendig. Junge Prinzessinnen und Prinzen erhalten endlich, was in der eigenen Jugend heiß ersehnt und meist unerreichbar war: Tretautos und Carrera-Bahnen, Himmelbetten und Seidenvorhänge. Wer also in heutige Kinderzimmer blickt, sieht in die Seele der Eltern: Zwischen Plüschbären und Laserschwertern, Puppen und Brettspielen blitzen immer auch vergangene Wünsche und Träume auf, die endlich Gestalt angenommen haben.

Ein Klassiker ist das Himmelbett für kleine Prinzessinnen, das mit allerlei Add-ons daherkommt – von der Betthöhle über Geheimfächer bis hin zu saisonalen Stoffen. Selbst normale Betten lassen sich durch diverse Aufsätze in echte Himmelbetten verwandeln. Überhaupt ist das Bett die wohl wandelbarste Zutat im Kinderkosmos. Mal Einzelbett, dann Kojen- oder Hochbett – für alles gibt es Foren und Informationsbörsen, die einzelne Produkte auf Herz und Nieren testen und besprechen. Zentraler Punkt: das gesunde Umfeld. Über nichts wird so leidenschaftlich debattiert wie über Lacke und Farben, Ausdünstungen und Ökobilanzen einzelner Materialien. Hoch im Kurs stehen Produkte aus nachhaltiger Forstwirtschaft. Dazu soll alles sicher sein, stabil und wenigstens die nächsten Jahre halten. Die Diskussion reicht bis in die Tiefen der Produkte und endet meist damit, dass die Kids irgendein Plastikzeugs vom Taschengeld kaufen oder von Freundinnen anschleppen, obwohl doch alles auf natürlich getrimmt war. Gibt es ein nachhaltiges Leben im umweltfrevlerischen? Diese Frage beschränkt sich nicht auf Holz versus Plastik, gesund versus angesagt, diese Frage ist wohl die entscheidende der nächsten Jahrzehnte und geht weit über die Einrichtung von morgen hinaus.

Meist fehlt es im Kinderzimmer nicht an Spielsachen, sondern an Platz. Daher sind Wandelsofas und Hochbetten gefragt, dazu Möbel, die sich klein machen können wie Sitzkuben oder mitwachsen und zumindest die ersten Schuljahre überstehen. Der flexible Schreibtisch von Luigi Colani war schon in den Siebzigerjahren angesagt, ebenso der passende ergonomische Stuhl. Heute lässt sich zwar das Fachwissen Dutzender Experten auf ausgewählten Websites nachlesen, zugleich ist die Auswahl explodiert – und mit ihnen die Anforderungen an eine gesunde Kinderzimmerwelt.

Bedrängend wirkt die allumfassende Vermarktung der Kindheit durch Themenwelten und Brands. Wer kam schon an den Megatrends der letzten Jahrzehnte vorbei, an Star Wars oder Harry Potter? Mit all den unvermeidlichen Merchandise-Artikeln und Accessoires – von Handyhüllen über Spielfiguren bis hin zu kompletten Kostümen? 2019 setzten Spielwarenhersteller laut Statista weltweit 90 Milliarden US-Dollar um, ganz vorn die üblichen Verdächtigen: Lego, Mattel und Hasbro. Allein in Deutschland stieg der Umsatz 2019 auf etwa 7,7 Milliarden Euro mit besonderen Steigerungsraten für Actionfiguren (+17,4 %) und Puppen (+12,5 %), während Plüsch zuletzt weniger gefragt war. Angesichts dieser Zahlen erstaunt dann doch, wenn ein Anbieter den Ratschlag gibt, „die Anzahl des Spielzeugs im Kinderzimmer auf ein Minimum zu beschränken“, da ein Zuviel der kindlichen Entwicklung nicht förderlich sei: „Es ist wichtig, dass (Kinder) sich über einen langen Zeitraum hinweg mit einem Spielzeug beschäftigen und dadurch in ihre Phantasiewelt eintauchen können." Besser hätte das auch nicht eine verantwortliche pädagogische Fachkraft ausdrücken können. Qualität statt Quantität. Mit den Spielwarenbergen aber wächst Kritik an zu viel Spielzeug im Kinderzimmer, vor allem aber an der Vermarktung und Digitalisierung der Kindheit.

### Multimediale Aufrüstung

Gute Nachricht in diesem Zusammenhang: Manche Geräte steigern den Absatz nicht mehr: Plattenspieler und Walkman sind höchstens noch Kuriositäten, CD-Spieler und Ghettoblaster altes Eisen. Dafür gibt es längst Bluetooth-Lautsprecher, auf denen Podcasts, Hörspiele und Musik gestreamt werden – und jede Menge mobile Endgeräte: Pads und Smartphones sind Alleskönner. Rund 15 Prozent der Erstklässler besaßen nach Angaben des Digitalverbands Bitkom und Statista bereits 2017 ein eigenes Tablet, bei den 8- bis 9-Jährigen waren es schon über ein Drittel. Ältere Kinder müssen sich sogar entscheiden zwischen Handy und Fernseher, der inzwischen schon bei 37 Prozent der Vierzehnjährigen steht. Das sind natürlich Momentaufnahmen, die sich von Jahr zu Jahr verschieben. Was bleibt, ist das seltsame Gefühl, dass sich der Weltzugang fundamental vom Anfassen und Erfassen hin zum Wischen auf digitalen Oberflächen verschiebt. Zugleich sinkt das Eintrittsalter in die digitale Welt: Manche Zweijährige ist schon App-Profi und zeigt den verdutzten Großeltern, wohin die Reise geht. Hightech im Kinderzimmer hat Nebenwirkungen. Plötzlich werden „sprachgesteuerte Puppen und Kuscheltiere mit Kameras, Smartwatches und -nuckel, Überwachungs- und Windelapps" zu Einfallstoren für ungewollte Datensammler, wie die Bundeszentrale für politische Bildung warnt. Es fällt schwer, hier einen gelassenen Weg zu finden zwischen dem berechtigten Wunsch, den Kids einen guten Start ins Internet zu geben, und dem Wunsch, Fähigkeiten allumfassend zu entwickeln oder zumindest Wahlmöglichkeiten anzubieten. Die Entscheidung ist kein Entweder-oder, kein Schneidern, Werken und Basteln statt Wischen und Chatten, sondern ein Sowohl-als auch. Denn auch die digitale Welt von morgen braucht eine Anbindung im Gegenständlichen, so fragil diese Brücke auch scheinen mag.

Eines jedenfalls ist ungebrochen: die unglaubliche Fähigkeit von Kindern, sich eigene Traumwelten zu schaffen. Das Bettlaken wird zur Höhle und der Stuhl zum Portal in andere, spannendere Welten. Die schönsten Abenteuer finden im Kopf statt – und die Endgegnerin heißt bis heute Mama, die irgendwann in der Kinderzimmertür steht und den Kriegerinnen und Sternenreisenden erklärt, dass nun aufgeräumt und gelernt werden müsse. Das ist freilich nur ein Punktsieg. Längst hängt ein „Betreten verboten" an der Tür, und spätestens mit der Pubertät werden die Karten ohnehin völlig neu gemischt.

Halböffentlicher Ort:
*Schlafzimmer*

Diese Tür blieb lange verschlossen. Selbst bei der Wohnungsführung wurde sie nur einen Spalt weit geöffnet, gerade so, dass Gäste einen Blick in den Raum werfen konnten, bevor sie wieder zugezogen wurde. Trotz Achtundsechzig und Aufklärung blieb das bürgerliche Schlafzimmer vor allem eines: privat. Es lag am Ende des Gangs, schön ruhig, eine Sackgasse im Bauplan des Hauses. Vorbei. Das Schlafzimmer ist nicht mehr der ach-so-schamhafte Ort der Partner, in den sich Eltern zurückziehen und das Licht löschen: es wandelt sich zum Repräsentationsraum der Lässigkeit. Hauptsache, das Bett ist groß und kuschelig. Dann kann man hier inzwischen ruhig Gäste empfangen und mit ihnen lümmeln. [17]

Das neue Schlafzimmer steht allen offen und verlangt eine saloppe Zurschaustellung von Körper und Gemeinschaft. Pyjama-Partys sind inzwischen eine geniale Mischung aus kalkulierter Selbstentblößung und klugem Selbstmarketing. Wer alles aus seinem Leben postet, kann auch das Intime nicht plötzlich aussparen. Im Bett mit Freunden, das ist eine neue Art, den Tag zu feiern. Und warum auch nicht? Das einstige Schlaflager der Paare gleicht längst bequemen Lümmellandschaften und rückt in den Mittelpunkt der Wohnung, bevorzugt in Kombination mit Riesenmonitor, begehbarer Garderobe und einem angrenzenden Bad.

1922 forderte der Stammvater der Moderne, Le Corbusier: „Zieht euch nicht in eurem Schlafzimmer um. Das ist nicht ganz appetitlich und bringt unangenehme Unordnung mit sich." Das Ankleiden sollte man nach seinem Willen im Nebenraum des Bades erledigen, das im Übrigen einer der größten Räume der Wohnung sein sollte, so wie früher der Salon: Wenn möglich mit einer Wand, die nur aus Fenstern bestehe und auf eine Terrasse zum Sonnenbaden hinausgehe. Diese Art von Offenheit und Ausblick bieten heute Monitore und Handy – das Gefühl, auch in der Wohnung mit dem Draußen verbunden, mehr noch: Teil des Ganzen zu sein.

Dazu passt ein Wort, das seit einigen Jahren im Sprachschatz der Hausbesitzer auftaucht: Master-Bedroom. Schon der Name verweist auf einen, sagen wir herrschaftlichen Anspruch, von hier aus das restliche Haus in Besitz zu nehmen und zu überblicken. Repräsentative Schlafstätten sucht das Land. Das verlangt vor allem Platz (und gute Innenarchitekten bei den Schnitten heutiger Neubauwohnungen). Kein Typ verkörpert diesen Wandel so sehr wie das Boxspringbett, bekannt aus Fernsehserien und so manchem (amerikanischen) Luxushotel. Schlafexperten und manche Senioren schwören auf den erhöhten Liegekomfort des Klassikers, einer Kiste mit Federn, sprich Federkernmatratze und Topper. Komfort erwächst aber nicht nur aus der Tiefe, sondern auch aus der Breite: Das 140-Zentimeter-Queensize-Bed wich dem französischen Bett mit seinen 160 Zentimetern samt durchgängiger Matratze – und dieses wiederum dem bis zu zwei Meter breiten Kingsize-Bed. Die Menschen werden schließlich immer größer und älter, zumindest statistisch. Zum angesagten Boxspringbett kommen diverse Auflagen, Bezüge und Polster – und schon wird aus der Schlafstatt ein repräsentatives Möbel, das mitten im Leben beziehungsweise mitten im Raum steht. Ein Kuschel- und Showtalent, das die Einbauschränke drum herum locker an die Wand spielt. Soweit die neue Bettkultur, die tatsächlich an höfische Sinnenfreude aus Brokat und Stickereien erinnert, bevor die bürgerliche Revolution das Paradeschlafzimmer zum Ort des Privaten degradierte. Ludwig XIV. hatte rund 200 Bedienstete für seine Morgentoilette versammelt – heute sind es eben Follower. Monarchen und Persönlichkeiten des öffentlichen Lebens regierten eben vom Bett aus wie Yoko Ono und John Lennon, deren legendäres Bed-in 1969 eine kleine Sensation war. Ihr Kingsize-Bed würde heutigen Promis wohl nicht mehr genügen, wenn sie im Pyjama nonchalant Privates und Öffentliches verwirbeln.

Im Bett lieben es zumindest die Deutschen eher hart. Zumindest, was die Matratze angeht. Unter der Decke tut sich dafür was: Matratzen sind plötzlich hip und werden im Netz geordert. Unsere Betten werden immer ausgefeilter. Doch der liebe Schlaf will sich in der 24-Stunden-Informationsgesellschaft nicht mehr so leicht einstellen.[18]

Alle zehn Jahre sollte man sie wechseln, raten die Fachleute. Spätestens. Nein, nicht die Bettpartner, sondern das darunter: die Schichten, die das Nachtlager erst zu einem sanften Ruheort machen: Matratzen. Federkern oder Kaltschaum? Hart oder weich? Probeschlafen für 100 Tage oder gleich zum Mitnehmen? Allergiekompatibel oder doch nur Standard? Latex- oder Taschenfederkern, Wendematratzen mit Sommer- und Winterseite, gar mit Rosshaar, handvernäht?

Für alles finden sich Liebhaber und womöglich gute Gründe. Doch was ist nun das Beste, das Angesagte, das Passende? Das sind womöglich drei ganz verschiedene Fragestellungen. Dabei war es schon mal einfacher. Früher, als Federkern und Kaltschaum quasi Standard waren. Und alles andere Luxus oder gar nicht erhältlich. Inzwischen braucht es einen kleinen Abschluss in Bettenkunde, um überhaupt noch einigermaßen den Überblick zu behalten, ganz zu schweigen vom Hype um Achtsamkeit und elektronisch überwachtes, gesundes beziehungsweise gesünderes Schlafen.

Das Bett ist politisch geworden. Zeige mir deine App – und ich sage dir, wer du bist. Oder sein willst. Zumindest zwischen 23 Uhr und sieben Uhr morgens. Wie viel – oder wie wenig wir schlafen, ist plötzlich Gesprächsgegenstand. Und man sollte ziemlich ausgeschlafen sein, wenn jemand wieder davon schwärmt, dass vier Stunden reichen. Schließlich ist nicht jeder Napoleon. Während Bücher zum guten Schlaf, zum Mittagsschlaf (Power Nap) oder zum Einschlafen (Stichwort: Jedes Kind kann es) Bestseller werden, drängen immer neue Bettsysteme auf den Markt. Gewinner der vergangenen Jahre: Boxspringbetten.

Manche Schlafunterlagen hatten ihre Zeit – und verschwanden dann wieder, so wie das integrierte Bettradio. Wo stecken eigentlich Futon und Wasserbett, die Helden der Siebziger- und Achtzigerjahre? Ein Futon war schließlich weit mehr als eine Schlafunterlage. Es war eher ein Bekenntnis. Etwas für Puristen, die schon alles hatten oder selbst auf der Suche nach Essenz waren. Sie verzichteten dafür auf Bettgestell, Rahmen und Stahlfedern und suchten das eigentliche Schlafgefühl. Für alle anderen blieb es eine fernöstlich inspirierte Herausforderung für den Rücken.

Ähnliches könnte man über das Wasserbett sagen. Unvergessen, was Bond-Set-Designer Ken Adam für „Diamantenfieber" zusammenschraubte – ein transparentes Plexiglasaquarium mit 500 Salzwasserfischen, integriertem Telefon und einer Bar. Die Darsteller waren von ihrem Liebesnest angeblich wenig angetan. Jill St. John fand den Rahmen viel zu kalt, und Sean Connery war das Ganze sowieso suspekt. Experten merkten an, dass das schicke Meerwasserbett gar nicht funktionieren konnte. Allein die Anti-Algen-Mittel hätten den netten Fischlein wohl den Garaus gemacht.

1833 brachte der schottische Arzt Neil Arnott „Dr. Arnott's Hydrostatic Bed" auf den Markt, um seinen Patienten Druckstellen durch langes Liegen zu ersparen. Aber so richtig populär wurde die Konstruktion erst in den 1980er Jahren. Charles Prior Hall hatte übrigens 1968 ein Patent eingereicht. Die kuriose Kurzbeschreibung: „Flüssige Unterstützung menschlicher Körper" („liquid support for human bodies"). Auch Science-Fiction-Autor Robert A. Heinlein war fasziniert von einer Zukunft mit Wasserbetten, die er akkurat beschrieb: „Eine Pumpe zur Steuerung des Wasserstandes, seitliche Stützen, damit man schwimmen kann, anstatt einfach auf einer nicht sehr weichen, wassergefüllten Matratze zu liegen. Thermostatische Temperaturregelung, Sicherheitsschnittstellen zur Vermeidung von Stromschlägen, wasserdichte Box, Berechnung der Bodenlasten (wichtig!), interne Gummimatratze und Beleuchtung." Heinlein sprach vom „Versuch, das perfekte Krankenhausbett von jemandem zu entwerfen, der zu viel Zeit in Krankenhausbetten verbracht hatte".

Mit der Zeit entwickelte sich das System weiter, von Hardside zu Softside und Leichtwasserbetten. Nach so viel begeistertem Blubbern noch ein kleiner Wermutstropfen: Eine solche Matratze muss beheizt werden, das erkannten angeblich bereits die alten Perser mit ihren Säcken aus Ziegenhäuten, die sie im Winter in die Sonne legten und im Sommer mit frischem Quellwasser füllten.

Was bleibt von all den Moden? Vielleicht die Erkenntnis, dass neben all den unverzichtbaren Bett-Techniken, dem Höhenflug der Online-Matratze und dem Siegeszug des Boxspring-Bettes ein entfernter Verwandter boomt: die Schlafcouch, die zum einen immer beengteren Grundrissen geschuldet ist und die zudem als Formwandler die Brücke schlägt zwischen dem – gar nicht mehr so – Privaten und dem Öffentlichen. Denn eines ist sicher: Schlafkomfort hängt auch von der Größe der Wohnung ab, in der das nächtliche Leben stattfindet.

## Alltag im Schlafzimmer

Der Alltag sieht natürlich anders aus. Ab in die Kiste meint in der Regel nicht das Bett, sondern eher die Größenverhältnisse des deutschen Durchschnittsschlafzimmers. Auf einem Hausbau-Forum ist folgender Dialog zu lesen: „Die Bruttogrößen der Kinderzimmer sind 14 Quadratmeter und das Elternschlafzimmer ist 16 Quadratmeter. Reicht das aus?" Die Frage ist berechtigt, auch angesichts der netten Antwort: „Kommt immer auf den Schnitt an – so kann man dazu nichts sagen.

Wir haben zehn Quadratmeter für unser Schlafzimmer und das reicht uns." Nun liegen zehn Quadratmeter gerade an der Grenze zwischen Zimmer und Kammer. Eine Wohnexpertin rät daher zwischen zwölf und fünfzehn Quadratmeter einzuplanen, dazu eine Wand von drei Metern, für den Kleiderschrank. Was aber, wenn es doch nur zehn Quadratmeter sind? Dann hilft nichts als der „Rückzug aufs Hochbett"[19], wie die taz angesichts steigender Mietpreise 2014 titelte – daran hat sich nichts geändert. Im Gegenteil. Längst sind Schlafzimmer auch so etwas wie die letzten Raumreserven der Wohnung, die langsam aufgefressen werden. Erst steht das Bügelbrett im Schrank, daneben der Staubsauger, dann folgen Hometrainer und andere Cardio-Geräte. Irgendwann steht auch der Schreibtisch im Schlafzimmer. Dann ist es aus mit dem Ort, wo der Geist zur Ruhe kommen soll und der Körper seinen Raum beansprucht.

Fashion-Victims kennen das. Irgendwann platzt auch der größte Kleiderschrank aus allen Nähten, spätestens, wenn Pullover zu Briketts gepresst werden und Anzüge so eng nebeneinander hängen, dass man sich Reinigung und Bügeln sparen kann. Dann, spätestens dann, muss eine begehbare Garderobe her. Bücher lassen sich digitalisieren, Compact Discs sowieso, doch Kleidung braucht einfach viel Platz. Erst sind es Kisten, die auf den Schrank gepackt werden oder irgendwo sonst lagern, dann wird auch noch das letzte Stück Luftraum bis zur Decke verblendet. Schließlich hilft nur noch ein radikaler Schnitt. Der Siegeszug der Konsumgesellschaft ist am Kleiderschrank abzulesen. Vor bald 20 Jahren setzte eine gewisse Carrie Bradshaw bei „Sex and the City" neue Maßstäbe, die nur noch von Imelda Marcos übertroffen wurden. Seither sind große Schranksysteme Pflicht – sie können Schritt für Schritt wachsen und schließlich das gesamte Schlafzimmer übernehmen, dazu helle Fronten und viel Licht, das anspringt, sobald eine Tür aufgeschoben wird.

Lavendelsäckchen gegen Motten aufhängen, Sachen reinquetschen. Tür zu. Dass hier die eigentlichen Abenteuer warten, hat niemand besser erkannt als Hollywood. Der Schrank ist irgendwie unheimlich. Er öffnet womöglich die Tür zu anderen Dimensionen oder verbirgt sonstige Monster. Und er ist die perfekte Besetzung für Screwball-Komödien und Verwechslungsgeschichten, in denen der/die Liebhaber/in schnell mal hinter Schiebetüren verschwindet.

„Mietet Wohnungen, die etwas kleiner als die sind, an welche euch eure Eltern gewöhnt haben", riet Le Corbusier. „Bedenkt die Ersparnis an Bewegungen." Heute fallen Wohnungen eher zwangsweise kleiner aus, weil sich kaum jemand mehr ungeteilte Gründerwohnungen leisten kann. Und das Schlafzimmer? Das ist eher eine Art Mini-Büro mit Mini-Schreibtisch und digitalem Aktenschrank im Notebook. Erstaunlich: Wir neigen dazu, abends nach Apps zum optimierten Schlafen zu suchen statt einfach ins Bett zu gehen. „Schlaf reduzieren, mehr erreichen", verbunden mit dem suggestiven Hinweis, wenig Schlaf sei schließlich Zeichen von Erfolg: Solche Empfehlungen zeigen, dass der Schlaf und mit ihm das Schlafzimmer gerade im Schussfeld der Selbstoptimierungsindustrie liegen, die nach den letzten Reserven eines sonst schon durchgetakteten Lebens sucht. Der Ort der Reproduktion und Regeneration ist tot, es lebe der selbstoptimierte Wohnkörper. Nach dem Aufstehen können wir es uns auf der Tagesdecke gemütlich machen, aber mit Notebook, Handy und Pad wird das Bett mit schulterhohen Rückenteilen im Handumdrehen zum vollwertigen Arbeitsplatz.

Vor 20 Jahren untersuchten die Soziologen Thomas Jung und Stefan Müller-Doohm die Schlafraumkultur der Erlebnisgesellschaft[20] und diagnostizierten noch die „Privatisierung des Schlafens" und „eine von bürgerlichen Leitbildern geprägte Wohnraumkultur". Sie diagnostizierten zehn Haupttypen einer Schlafraumkultur, darunter den „ökologisch orientierten Natürlichkeitstypus“, den „kreativ-avantgardistischen“, den „multifunktional-raumökonomischen“, den „biederrustikalen“ und schließlich den „exotisch-transkulturellen“. Offenbar sind wir heute alles in einer Person, nur eben zu unterschiedlichen Zeiten des Tages.

Wenig ist geblieben von der „Trennung zwischen Öffentlichkeit und Privatsphäre“ und den damit „immer engeren Grenzziehungen hinsichtlich persönlicher Schamgefühle.“ Die Entgrenzung der Arbeitswelt löst inzwischen auch die dicksten Mauern auf. Wie es scheint, wandelt sich das Schlafzimmer, früher „die örtlich organisierte und sozial ausgestaltete Einheit von Schlaf und Beischlaf“, wie Thomas Jung und Stefan Müller-Doohm schreiben, zum Schau- und Empfangszimmer – und holt damit das nach, was Küche und Bad vorexerzierten. Das Leben wird öffentlich und vollzieht sich im Plural. Das eine strebt nach repräsentativer Größe (des Bettes), das andere ist gezwungen zu Effizienz auf kleinstem Raum. Beide verbindet, dass sie nicht mehr für sich stehen können, sondern eingebunden sind in den steten Strom der Freunde, der Klicks und Netzwerke.

# Grüne Räume:
# *Balkon und Schrebergarten*

Draußen vor der Tür ist längst ein normaler, für viele vielleicht der entscheidende Teil der Wohnung. Jede Terrasse, jeder Balkon erhöht den Wert einer Immobilie. Was in den Achtzigerjahren Wintergärten und andere Vorbauten besorgen mussten: Zonen zu schaffen zwischen fast-schon-draußen und noch-etwas-drinnen, das übernehmen nun einfachere Räume, vor allem, wenn Städter nach einem Wandertag wetterfest nach Hause zurückkehren: Sie besetzen Terrasse oder Balkon und richten sich dort so ein wie im Wohnzimmer – und das fast ganzjährig.[21]

Früher hieß dieses Gefühl „Balkonien", die pure Lust (und manchmal die pure Notwendigkeit), einen Sommer daheim zu verbringen. Der geniale Architekt und Städtebauer Bruno Taut taufte das Grün seiner Berliner Hufeisensiedlung bereits „Außenwohnraum" und pflanzte Kirschbäume im Halbrund der Anlage. Er wollte etwas Natur in die Köpfe der Städter bringen und die Grenzen zwischen ihnen aufheben. Sein Ziel war eine neue Gemeinschaft aller Anwohner. Das Draußen-Gefühl ist angekommen, das Zusammen-Gefühl zumindest beim Public Viewing oder einfach im Biergarten.

Woher stammt die Lust, den eigenen Balkon in ein zweites Wohnzimmer zu verwandeln? Man muss kein Soziologe sein, um hier einen der letzten Freiräume in unserem durchgetakteten und völlig verplanten Leben zu erkennen. Wenn Menschen jeden Augenblick unter Strom stehen, um ja keinen Tweet, ja keine Nachricht zu übersehen, wächst der Wunsch nach kleinen Auszeiten, und sei es nur für fünf Minuten auf dem Balkon. Da kommt der eigene Outdoor-Bereich wie gerufen. Wie das geht, führen Stadt-Lounges schon seit Jahren vor: Sand über das Trottoir kippen, Liegestühle aufstellen und bunte Laternen aufhängen – fertig ist die Strand-Relax-Zone. Nun folgt der logische nächste Schritt: Die Deutschen vermöbeln Balkone und Terrassen. Besonders gefragt sind aufwendige Stücke, die auch im Wohnzimmer stehen könnten. Der Markt für Outdoor-Möbel wächst mit zweistelligen Wachstumsraten. Es ist schwer, an verlässliche Daten zu kommen, aber einige Statistiken besagen, dass die Deutschen pro Jahr etwa so viel Geld für Outdoor-Möbel ausgeben wie für Neuanschaffungen in der Wohnung: im Schnitt 200 Euro. Das klingt nicht nach viel, in der Summe ergibt sich ein Milliardengeschäft.

Sofas, Leuchten und sogar Betten stehen plötzlich im Freien. Manche Stücke sehen aus, als hätten sie die Nachbarn einfach aus dem Wohnzimmer gezogen. Begonnen hat die Vermöbelung des Draußen mit getunten Grills, kleinen Gourmetküchen auf Terrassen und Balkonen – eine Art Edel-Frankfurter Küche, befreit von Mauern und Einteilungen. Dafür mit Edelstahlfronten und geölter, wärmebehandelter Fichte. Auf die gasbetriebene Komfort-Küche folgte der Sitz-Komfort. Wenn sich das Leben schon draußen abspielte, wie sonst nur im Urlaub an der Adria und auf Malle, dann bitte mit allen Annehmlichkeiten. Outdoor-Kollektionen sind inzwischen so wetterfest wie ansehnlich. Sie können auf der Terrasse stehen – oder eben in der Wohnung. Und damit bei langen Sommerabenden nicht die Füße einfrieren, bieten viele Hersteller inzwischen sogar wetterfeste Teppiche an. Und gegen zu viel Sonne gibt es Bettinseln mit faltbaren Sonnensegeln. Versprach die Revolution nicht genau das? „Brüder, zur Sonne, zur Freiheit“[22] sang die Arbeiterschaft nicht nur zum Abschluss der SPD-Parteitage nach dem Zweiten Weltkrieg. Der Wunsch nach Licht war geboren in den Hinterhöfen Berliner Mietskasernen – und die Moderne lieferte, vorzugsweise so, dass die Ergebnisse sich vor allem fotografisch gut ausbauen ließen. Wie beim Studentenwohnheim des Dessauer Bauhauses, das jeden der winzigen Freisitze zu einem kleinen Schaulaufen vor den Augen der Außenwelt machte – oder zu einem stilisierten Sprungturm für den Aufbruch in eine neue Gesellschaft, die den Mief und die Enge hinter sich lassen wollte. Die historische Stadt kannte keine Balkone, sie war ohnehin zu laut und zu stickig, dafür gab es Loggien zum kühlen Innenhof.

Balkone (eigentlich: Freisitze) gehören inzwischen zur Grundausstattung jeder Wohnung. Drei von vier Deutschen besitzen Balkon oder Terrasse. Und sie werden so stark nachgefragt, dass Wohnungsbaugesellschaften mit hohem Aufwand ihre Immobilen mit vorgestellten Konstruktionen aus feuerverzinktem Stahl aufwerten. Zu teuer sollte der Freisitz aber doch nicht werden. Das zeigen Klagen gegen Mieterhöhungen nach solchen Umbauten und diverse Expertenurteile, zu welchem Prozentsatz die Balkonfläche auf die Mietfläche angerechnet werden kann.

## Megatrend grün

Immer mehr Menschen zieht es ins Grün vor der Haustür, sie wollen selbst pflanzen, ernten und dann beruhigt in den Liegestuhl fallen. Die neue Lust am Gärtnern spiegelt sogar für das Bauministerium „ein zunehmendes Bedürfnis wider, sich mehr für den Natur- und Umweltschutz zu engagieren und Grün- und Freiflächen gerade in den Ballungszentren als Orte der Erholung und Entspannung zu nutzen, zu sichern und attraktiver zu machen.“ Grün zu Grau – besser ließe sich der Wandel von der autogerechten Metropole mit breiten Fahrspuren raus ins Grün zu einer Stadt der Bürger und Mitmacher nicht beschreiben.

Selber anpacken und naturverbundener leben lauten die neuen Leitbilder. Befördert von Urban Gardening und nachhaltigem Lifestyle werden zugleich alte Selbstversorgerideale gepflegt, wie sie selbst das Bauhaus vertrat. Oft lösen die ersten selbstgezogenen Zucchini oder Karotten regelrechte Glücksgefühle aus. Und niemand findet es seltsam, dass das kleine Paradies natürlich durch und durch künstlich ist. Städter hat es schließlich nie gestört, sich nach Feierabend in Parks und öffentlichen Gartenanlagen neben Schnellstraßen niederzulassen oder am Flussufer mit Blick auf Heizkraftwerke zu chillen. Wer sich Natur in der Stadt nicht aussuchen kann, ist geneigt, das Grün zu nehmen, wo und wie es gerade sprießt. Da ist der Garten eine wunderbare Alternative, ja fast eine Unabhängigkeitserklärung an den gemauerten Alltag. Eine ganz andere Liga sind Gartenhäuschen, die als Homeoffice dienen, und der Siegeszug der Datscha. Der Schrebergarten[23] ist für gestresste Stadtbewohner inzwischen das eigentliche Naherholungsgebiet, ja vielleicht sogar die letzte gesamtgesellschaftliche Utopie nach dem Freibad. Zwischen Büschen und Beeten trifft sich die halbe Stadt und arbeitet im Kollektiv, wenn auch jeder für sich. Werktätige und Kopfarbeiter, Rentner, Alleinerziehende und Familienmenschen entspannen einträchtig im Schweiße ihres Angesichts. Von wegen Spießer. Selbst Zimmerpflanzen haben eine erstaunliche Renaissance[24] hinter sich. Inzwischen werden die Blattmonster der sechziger Jahre namens „Monstera Deliciosa" wieder liebevoll gepflegt und für den Instagram-Auftritt von Staub und Dreck befreit. Die Liebe zur Natur – für Städter oft selbstverständlicher als für so manche Landfrauen und Landmänner, die Rasenroboter über das Grün rollen lassen und zwischendurch die Kreissäge singen lassen, um Nachschub für den Kamin kleinzukriegen.

Der selbst angesetzte Sauerteig, die selbstgezogenen Tomaten auf der Fensterbank und die selbst eingeweckten Gemüse der letzten Saison zeigen Wirkung. In Schrebergärten werden nicht nur seltene Schmetterlinge gesichtet, sondern auch Intellektuelle und Kreative, die sich nicht zu schade sind, ihre Hände in Mulch zu versenken, um irgendwann Kürbisse und Karotten ernten. Es hat sich einiges getan in mitteleuropäischen Laubenkolonien. Lag vor zehn Jahren das Durchschnittsalter der Kleingarten-Nutzer nur knapp unter dem Rentenalter, bei 60 Jahren, geht mittlerweile knapp die Hälfte aller Neuverpachtungen an Familien. Fast zwei Drittel aller Neupächter sind jünger als 55 Jahre. Hipster helfen Altinsassen, Kinder toben auf dem Grün. Die Neuen verändern das

Gesicht der Kleingartenanlagen. Galten diese früher als kleinbürgerliche Spießer-Bastion hinter Satzungen, Vorschriften, gehäckseltem Grün, akkurat beschnittenen Hecken und gefassten Wegen, breitet sich eine ungewohnte Lässigkeit über manche Parzellen aus. Sogar der Naturschutzbund findet lobende Worte über mehr ungezähmtes Grün in der Stadt und schwärmt vom Vorbild alter Bauerngärten. Der neue Zugang zur Natur kommt aus der Mitte der Gesellschaft und möchte selbst etwas bewirken – und zwar ohne Glyphosat.

Laut Bundesverband Deutscher Gartenfreunde (BDG) gibt es alleine in der Bundesrepublik Deutschland 905 000 Kleingärten mit einer Fläche von 40 000 Hektar. Das entspricht über 100 Parks von der Größe des Englischen Gartens in München. Über fünf Millionen Menschen nutzen Kleingärten von durchschnittlich 370 Quadratmetern. Wer schon einmal Unkraut jätete, weiß, dass das enorme Flächen sind. Neue Parzellen sind daher oft nur halb so groß.

Der Familiengarten ist aber nicht nur ein Ort neuer Gemeinschaft, sondern auch eine städtebauliche Verfügungsfläche an der Grenze verschiedenster Interessen, die den Widerspruch zwischen Privatidyll und öffentlichem Nutzungsdruck nicht immer aushält. Inzwischen wachsen die Begehrlichkeiten, die Ersatzlungen der Städte in zusätzliche Siedlungsflächen umzuwandeln. Es gebe einen „zunehmenden Bedarf nach Baupotenzialen für Wohnen, Infrastruktur und Gewerbe", schreibt eine Studie des Bundesamtes für Bau-, Stadt- und Raumforschung[25] (BBSR). Dort sieht man den Kleingartenbestand „leicht verringert", weil Parzellen verschwinden, wo „die Nachfrage gering und der Leerstand hoch" sei. In Zahlen: Seit 2011 wurden rund 6 500 Kleingärten „infolge von Flächenumwidmungen für Wohnungsneubau und Infrastrukturmaßnahmen aufgegeben." In der Studie heißt das „Nutzungskonkurrenz." Dabei – und das ist kein Widerspruch – steigen die Nutzerzahlen der verbliebenen Parzellen.

Wer sich hingegen über kleinliche Kleingartensatzungen aufregt, wie die, dass oft alle Flächen festgelegt sind – ein Drittel für das Gartenhaus, eines für die Erholung, eines für Obst und Gemüse –, der vergisst, dass die Anfänge der Schrebergartenbewegung im neunzehnten Jahrhundert durchaus didaktisch bis paramilitärisch waren. So wie die Rabatten in Reih und Glied zu stehen hatten, sollte der Garten der körperlichen Ertüchtigung dienen. Die Gesellschaft hatte sich sozusagen selbst zu erziehen. Davon sind wir heute weit entfernt. Kleingartenanlagen sind keine abgeschlossenen Areale mehr, sondern Teil des öffentlichen Grün- und Freiflächennetzes, teils mit Spielplätzen und ökologisch wertvollen Zonen wie Totholzbereichen für Insekten, Vögel und Reptilien.

So ein Garten verändert. Entschleunigt. Rückt Dinge zurecht. Für viele ist das ein Wohnbereich im Grünen mit optionalem Familienanschluss und Nachbarschaften, die sich nicht in wöchentlicher Rasenkontrolle und Spießertum erschöpfen. Vielleicht ist das der größte Fortschritt des Grüns. Manche erfundenen und manche echten Grenzen zwischen den Menschen schwinden beim Gespräch über den Zaun. Im Kleinen kommt die überdynamisierte, fluide Stadtwelt wieder zu sich. Der Familiengarten verspricht ein spannendes Milieu für Soziologen und Politiker zu werden. Wird das Zusammenleben gelingen, der unerlässliche Wechsel aus Rückzug und Mitmachen, Kaffeeklatsch und Hip-Hop, Helfen und Chillen? Die gesellschaftliche Mitte holt sich das Grün zurück. Und während der Amazonas brennt, blühen die Hortensien. Man kann das verlogen nennen oder als Rückzug ins kleine Idyll verspotten und kommt doch nicht an der Tatsache vorbei: Immer mehr Städter engagieren sich für ihr Grün und kommen einander sogar wieder etwas näher.

Von der Auto- zur Outdoor-Gesellschaft ist es manchmal nur ein kleiner Schritt. Es müssen gar keine Dauercamper draußen vor der Stadt oder durchdesignte Arbeitshütten im Garten sein. Wir richten uns generell draußen ein und schaffen hybride Räume, nicht mehr ganz Wohnung, noch nicht ganz Garten: Terrassenwohnzimmer und Balkoninseln. Selbst der kleinste Austritt schafft Verbindung zur Welt, zu Nachbarn und Bekannten auf der Straße. Was heißt das für unsere Gesellschaft von Hobby-Gärtnern und Urban-Gardening-Fanatikern? Vermöbelte Balkone und Terrassen zeigen: Da geht noch was in Sachen Lüftung der Gedanken: Freiheit, Gleichheit, Blütezeit!

# Beleuchtung und Alarmanlagen liegen ganz vorn beim Smart Home

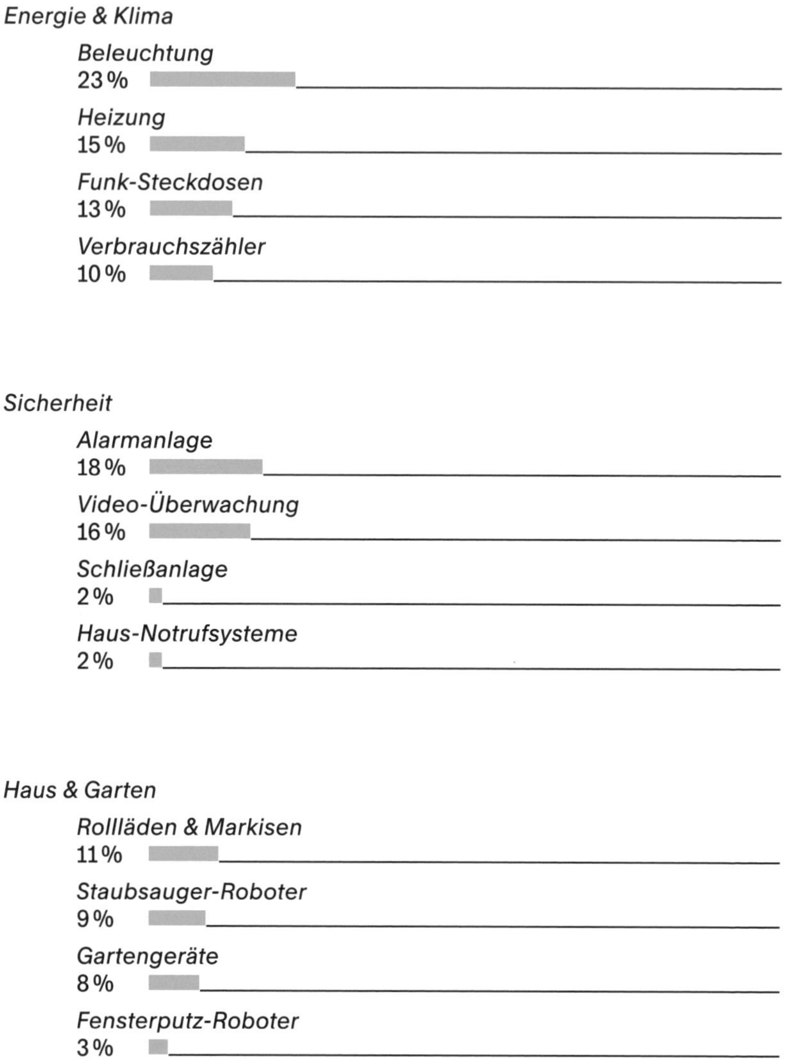

*Energie & Klima*

*Beleuchtung*
23 %

*Heizung*
15 %

*Funk-Steckdosen*
13 %

*Verbrauchszähler*
10 %

*Sicherheit*

*Alarmanlage*
18 %

*Video-Überwachung*
16 %

*Schließanlage*
2 %

*Haus-Notrufsysteme*
2 %

*Haus & Garten*

*Rollläden & Markisen*
11 %

*Staubsauger-Roboter*
9 %

*Gartengeräte*
8 %

*Fensterputz-Roboter*
3 %

# Immer fehlt was: *Stauräume*

Hoch hinaus und ganz tief unten: Keller und Dachboden werden edel. Wäsche waschen, Nachbarn treffen und wüste Kellerpartys, das war einmal. Heute wird der Dachboden zum Penthouse und der Keller zum Privat-Spa. Und der Krempel der Vergangenheit landet im externen Lager am Rande der Stadt.[26] Wir wollen uns frei machen von dem belastenden Besitz, auch wenn es nicht immer gelingt. Denn eines ist sicher: In den durchorganisierten Wohnungen von heute fehlt Raum. Wo sind all die Gästezimmer, Hauswirtschafträume, begehbaren Garderoben und Abstellkammern, die im nachmittäglichen Programm über den Bildschirm flackern? Sie sind einfach nicht drin in optimierten Zwei- oder Dreizimmerapartments. Entweder frau/man entledigt sich des Überschusses an Dingen – oder sie werden ganz amerikanisch im Mietlager,[27] dem Self Storage, weggeschlossen. Während also das Problem Raum teilweise outgesourct wird, lassen sich die einstigen Rest- und Zusatzflächen Dach, Garage und Keller völlig anders nutzen.

Es tut sich also was bei den einstigen Funktionsräumen über unseren Köpfen und unter unseren Füßen. Keller und Dachboden werden umgewidmet und aufgewertet. Das ist kein einfacher Lifestyle-Trend, das ist eine Notwendigkeit. In Großstädten können sich die wenigsten leisten, umbauten Raum ungenutzt liegen zu lassen. Dazu kommt der technische Fortschritt. Und der Wunsch nach Bequemlichkeit bei gestressten Großstädtern, die nach neun Stunden Büro keine Lust auf große Waschaktionen haben. Die einstige Waschküche und den Trockenraum hat der kombinierte Wasch- und Trockenautomat erledigt. Und der Dachboden, auf dem zwischen Bettlaken und ausgedienten Möbeln Entdeckungen warteten, steigt auf zum vollständig ausgebauten Dachgeschoss, einem Mini-Penthouse über der Stadt. Je höher, desto aufwendiger und teurer, lautet die Devise.

Oben und unten, Dach und Keller, haben mehr zu tun, als man gemeinhin annimmt. Das trifft nicht nur auf die britische Upperclass zu, die manchmal derb wie Pferdekutscher spricht. Beim Haus bildeten die entgegengesetzten Enden lange Zeit Reserveflächen, hier wurde gebunkert, weggesperrt und abgelegt, was das Zeug hielt. Was sich genau unter

Tüchern und in Schubladen und Truhen verbarg, zeigte sich oft erst, wenn die Hinterlassenschaften ganzer Generationen nach dem Tod der Erbtante auftauchten. Keller und Dach bildeten das Gedächtnis des Ortes, Kubikmeter für Kubikmeter Vergangenheit, gleich, ob verpackt in Schachteln, Kartons und alten Umzugskisten oder wahllos abgestellt und ausgebreitet. Das könnte nun vorbei sein. Die durchrationalisierte Wohnung und das optimierte Haus bieten schlichtweg keinen Platz mehr für solche Platzverschwendung. „Der Keller in unserem Mietshaus ist voll mit Lagerflächen, im Speicher herrscht dank neuer Brandschutzbestimmungen gähnende Leere“, stellt Architekt Christian Zöhrer fest. Stauraum lässt sich deshalb dazu mieten – zwar nicht immer ums Eck, dafür zumindest verkehrsgünstig gelegen. Der Rest wird entsorgt. Alte Möbel und Kleider lassen sich neuerdings nicht mehr nur auf Flohmärkten, sondern gewinnbringend auf Vintage-Portalen losschlagen. Klingt nach effizientem Wirtschaften und hat durchaus mentalhygienische Aspekte. Das Wohnen entschlackt sich. Ausgetrieben wird, was gerade nicht wichtig scheint. Ebenso wie das Dubiose. „Keller als auch Speicher sollten als Räume des Unbewussten bezeichnet werden“, fordert dagegen Christian Zöhrer, „in die Dinge in die Vergessenheit absinken, aber auch wieder an die Oberfläche des Wohnalltags gelangen können.“ Der Münchner lässt die durchgehende Funktionalisierung des Wohnens nicht zu und fordert: „Diese Räume gehören wesentlich zum Ort des Wohnens, ihre Bedeutung kann nicht hoch genug eingeschätzt werden. Ein externalisiertes Lagern in Depots wandelt diese Bedeutung durch den Verlust des direkten räumlichen Bezugs wesentlich.“

### Kellermeister, Kellergeister, Partykeller

Er ist aus dem Blick geraten, der Partykeller. Dabei war er mal ein Club ohne Türsteher, preiswert, authentisch und ohne

Sperrstunde. Etwas Basisdemokratisches eben für die Kinder der Siebziger- und Achtzigerjahre, die sich den echten Club entweder nicht leisten konnten, zu jung waren oder zu weit draußen wohnten und niemanden mit Auto kannten. Eine informelle Location für einen Abend, bei dem jeder selbst Alkohol mitbringen konnte oder alle gemeinsam Vaters Bierkästen und Vorratsschränke plünderten. Während oben im Wohnzimmer Derrick oder Ilya Richters Disco lief, drehten sich die richtig coolen Platten längst im Partykeller, der irgendwann ausgebaut worden war, bevor die Erwachsenen die Lust am Untergrund verloren und die paar Quadratmeter inoffiziell ihren Kindern vermacht hatten.[28]

Der familiär-verschrobene Partykeller war mehr als muffiger Raum unter der Erde, in dem es laut zuging und der ständig nach Öl roch, weil die Garage darüber lag oder die Heizung daneben. Er war Kult, zugepflastert mit Postern und Geschichten vom Erwachsenwerden. Was aber gehörte zwingend dazu – außer möglichst vielen Freunden? Wer heute nach Einrichtungstipps stöbert, stößt vor allem auf die unvermeidliche Diskokugel, auf Kissen und Matratzen bis hin zum Komplettprogramm aus Theke, Barhocker und Zapfanlage, abgerundet durch Wandtattoos und Schalldämmung. Ganz so professionell war er aber nicht: Der Partykeller wirkte immer improvisiert, die Wände eher lässig mit Fichtenholz verkleidet, und der Boden bedeckt mit Teppichresten. Und auch wenn man sich wahnsinnig Mühe gab, war die Ausstattung doch eher nebensächlich. Im Keller konnte man abtauchen. Die Heranwachsenden verschwanden aus dem Sichtfeld der Eltern, die meist ganz froh waren, dass sie das Haus kurzzeitig für sich hatten. Der Partykeller wurde zum Sehnsuchtsort. Hier gab es eigene Musik, Drinks, Flirts. Man fühlte sich irgendwie erwachsen. Das war ein bisschen wie der „Fänger im Roggen“, auf deutsches DIN-Maß gebracht.

Die Kellerkinder der Achtzigerjahre aber hatten das Ganze ja meist nicht selbst angezettelt, sondern eher übernommen. Warum aber baute eine ganze Generation von Hobby-Handwerkern den eigenen Keller aus und dekorierte ihn mit selbstgesägten Sperrholzverschalungen und Lüftlmalerei zu einem exotischen Gegenort? Ging es wirklich nur um das kleine Glück am Freitagabend mit Freunden und Familie? Und war der Raum unter der Erde wirklich nur da, um ungestört Musik zu hören oder unter sich zu sein? Eine Erklärung für die obsessive Liebe zum Untergrund bietet Heinz Bude in seiner „Soziologie der Party“[29]. Dort erklärt Bude die Leidenschaft für unterirdische Partys mit einer auf Überleben gedrillten Kriegsgeneration, die zwischen Theke und Heizungskeller die „noch gar nicht so lange zurückliegende Erfahrung des Luftkriegs“ gewissermaßen aufarbeitete: „Im Partykeller lebte der Luftschutzkeller als Ort der Extremvergemeinschaftung unter Todesdrohung weiter“. Später fiel zumindest die latente Todesdrohung weg, während die „Extremvergesellschaftung“ mit Alkohol und anderen Drogen weiter ihren Lauf nahm.

Doch irgendwann in den Neunzigern spielte der Partykeller keine Rolle mehr. Man ging lieber raus an die Luft oder in angesagte Locations. Richtig erledigt war der Keller aber erst, als in Österreich 2006 die Entführung der Minderjährigen Natascha Kampusch und 2008 die Verbrechen von Josef Fritzl ans Tageslicht kamen. Heute gibt es den Ort zwar noch, aber eher als bessere Abstellkammer. Da gammeln alte Hefte vor sich hin oder ausgelatschte Wanderstiefel, während sich Kids auf WLAN-Partys bekriegen.

Trotzdem ist die Erinnerung an wilde Feten nicht totzukriegen. In einem Online-Ratgeber wird der Partykeller als Traum bezeichnet, „in dem man ausgelassen feiern, gemeinsame Video- und Spieleabende verbringen und es sich mit Getränken gut gehen lassen kann.“ Klingt nach Schlaraffenland. Nur, dass dort irgendwann irgendjemand aufräumen muss.

## Verdrängt und abgegraben: *Der Keller als psychologischer Ort*

Man sollte den Keller nicht überfrachten mit Bedeutung – doch es ist schon interessant, wie das Bild des Hauses auch bei den Klassikern der Psychoanalyse – Freud und Jung benutzt wird, um in tiefere Schichten abzusteigen. Im metaphorischen Keller unseres Unter- und Unbewussten wird abgeladen, was weiter oben – also in reflektierten Schichten – keinen Platz hat oder schlicht verdrängt wird. In Freuds Keller stapeln sich Ängste und Triebe, und Jung persifliert, dass sich das Bewusstsein nicht in den Keller hinunterwage. Das tat Ulrich Seidl mit dem Dokumentarfilm „Im Keller". Der Regisseur führte 2014 in Abgründe, just, als in Strasshof und Amstetten Verließe und perverse Gegenwelten ans Tageslicht kamen. „Dort unten können sie – Männer, Familienväter, Hausfrauen, Ehepaare oder Kinder – sein, wie sie sein wollen", erklärte Seidl.

Früher war der Keller gut für Kartoffeln, Wein und Werkstatt. Davon ist nicht viel geblieben, außer vielleicht der Wein, wenn er nicht gleich im perfekt temperierten Weinkühlschrank neben der Side-by-Side-Kühlkombination ruht. „Der Standard hat sich heute deutlich gehoben. Für Bauherren vorstellbar sind hier zunehmend auch vollwertige Aufenthaltsräume", sagt Gianfranco Maio von Maiomaio Architekten.

Der unaufhaltsame Aufstieg (und Ausbau) des Dachs und der famose Ausbau des Kellers von der Restfläche zur Wellness- und Wohnzone zeigen, dass Quadratmeterpreise über die Art und Weise entscheiden, wie wir leben, lieben und denken. Kolja Winkler, Gutachter im Bereich von Feuchtigkeitsschäden, rät daher nicht nur zu einer sicheren Abdichtung des Kellers, sondern zeigt auf, dass der „Keller eigentlich der günstigste Wohnraum" sei. Winkler rechnet vor, dass ein Wohnkeller die Wohnfläche oft um bis zu „50 Prozent" vergrößere – bei einem Bruchteil der Kosten regulärer Geschosse.

Einen vergleichbaren „Vergünstigungseffekt“ erreiche man sonst nur mit einem weiteren Geschoss, das aber oft nicht erlaubt sei. Also landen auch auf dem Land neben Wärmepumpe und Pelletbunker (schließlich sind wir nachhaltig) immer mehr Funktionen im Untergrund, die bislang oberen Geschossen vorbehalten waren. Neben dem traditionellen Hobbyraum sind es Arbeitsplätze oder ganze Einliegerwohnungen. Und auch die Sauna im Keller (die in nordischen Ländern gerne auf dem Dach ist, allein, um Landschaft, Luft und Weite zu genießen), wird zur Wellness-Station aufgebohrt. Was früher wenigstens ansatzweise anarchische Qualitäten besaß wie der Partykeller mit Bar, erhält ein Upgrade in Sachen Funktionalität und Convenience. Richtschnur ist das gut ausgestattete Hotel, das unsere Wünsche und Vorstellungen zentriert. Der Keller, einst charakterisiert als überwiegende Funktionszone (Vorratslager, Wäscheraum, Garage) hat ausgedient, selbst die schmutzige Ölheizung wird zum funktionalen Ökokraftwerk, es fehlt nur noch, dass der Hobbyraum zum offiziellen Arbeitszimmer veredelt wird.

Man kann über die auf Effizienz getrimmte Wohnfabrik namens Stadt nur staunen. Wie in der Wirtschaft werden stille Reserven aufgelöst und in Nutzung überführt. Der neue Keller ist nicht irgendeine muffige Souterrain-Wohnung, sondern wahlweise hochwertiger Wohn- und Arbeitsraum. Oder eine private Fitness-Oase. Je mehr Komfort Einzug hält in den einstigen Restflächen, je mehr Technik, desto eher wird man sie vermissen: Räume, die etwas unklar waren und unbestimmt.

## Relikt der automobilen Gesellschaft: *Garage*

Unter allen Bauaufgaben zählt die Garage nicht gerade zu den herausragenden. Sie ist schwer zu überhöhen wie das

Bad als Ort der Reinigung oder die Küche als Platz der Familie. Sofort tauchen Bilder auf von offenen Carports, durch die der Wind fegt oder von grauen Fertigbauten neben ebensolchen Reihenhäusern. Dabei findet gerade ein erstaunlicher Aufstieg des einstigen Pferdestalls statt: Vom Lagerplatz für Reifen und Autozubehör wandelt er sich zum vollwertigen Teil der Wohnung, zumindest in Berlin, Stuttgart, Düsseldorf und Singapur. Dort parken Autos inzwischen in einer eigenen Loggia – gleich neben Küche und Sofalandschaft. Nirgends zeigt sich die Segregation städtischen Lebens so deutlich wie hier. Wer keine Lust hat auf Smalltalk und lästige Begegnungen mit Nachbarn, fährt mit seinem Automobil in den Schwerlastaufzug und landet direkt in der Wohnung. Die Bezeichnung Autohaus erhält dabei eine völlig neue Bedeutung. Das Fahrzeug selbst wird wieder Designobjekt und Ausdruck des erlesenen Geschmacks.[30]

Natürlich gibt es eine Gegenbewegung: Wohnung und Stellplatz verlieren an Bedeutung. Sie befinden sich nicht mehr im gleichen Haus, ja nicht einmal in der gleichen Straße; der Wagen steht im Quartiersparkhaus. Manche Städter verzichten inzwischen auf ein eigenes Fahrzeug. Teilen ist angesagt, kurz mieten, irgendwo abstellen. Praktisch für alle, die sich nicht mehr binden wollen, schon gar nicht an ein Ding, das als „Stehzeug" laut Statistik 23 Stunden des Tages ohnehin ungenutzt herumsteht. Das hat Auswirkungen auf das Design der Stellplätze. Denn die Garage an sich hat ja nichts Anziehendes. Sie liegt entweder außerhalb des Hauses, wie früher die Ställe, oder unter der Erde. Man drückt auf die Fernbedienung, das Tor schwenkt auf, und die Beleuchtung springt an. Zwei Minuten später geht es mit Einkäufen (oder ohne) in den Lift. Ein Tiefgaragenstellplatz ist ein in Beton gegossenes Monument unserer Mobilitätskultur: ein teurer Schrein für Autos. Wer auf den Gedanken kommt, die Garage anderweitig zu nutzen, beispielsweise als Zwischenlager für Mountainbikes,

Skier und Kartons, wird von der Hausverwaltung schnell daran erinnert, dass hier nur das Auto zu stehen hat.

Ein Stellplatz ist in der Stadt noch immer Teil der Wohnung, kostet so viel wie früher ein normales Auto und ist wichtig, will man die Eigentumswohnung irgendwann wiederverkaufen. Selbst wer einen Stellplatz nur mietet, zahlt in Großstädten je nach Lage und Ausstattung eine stattliche Monatsmiete. Der Preis zeigt einen Mangel. Es gibt einfach zu wenig Stellflächen in den Städten, obwohl sie in manchen Ballungsgebieten bis zu 40 Prozent aller Verkehrsflächen ausmachen.

Zeigen Garagen womöglich der Stand unserer Zivilisation? Wir sind mobiler denn je, und halten uns für offener und egalitärer. Da überrascht, dass 2012 noch immer doppelt so viele Autos auf Männer zugelassen waren wie auf Frauen, woraus Experten folgerten, dass die künftige Automobilität bis 2030 stärker von Frauen geprägt sein müsse. Dazu kämen verstärkt ältere Menschen. Spinnen wir diesen Gedanken weiter, so dürfte sich auch die Garage vom Ort liebloser Zwecknutzung zum multifunktionalen Raum weiterentwickeln: barrierefrei und hell, praktisch und vernetzt. Längst ist mancher Carport zugleich Laube und Minisportplatz, manche Großraumgaragen wandeln sich zu Öko-Garagen, samt Regenwasserspender, Solarzellen und grünem Dach. Im nächsten Schritt ließe sich darauf ein Solarmodul mit Speichersystem einrichten, worauf das Ganze zur „E-Tankstelle“ würde. Andererseits würden angesichts immer breiterer und höherer Fahrzeuge immer mehr Großraumgaragen gebraucht mit „bis zu 7,50 Metern Breite und bis zu 9 Metern Länge.“ Die ovale Design-Garage schließlich erinnert, obwohl prämiert, eher an ein banales Relikt der Postmoderne. Dabei tut sich durchaus etwas auf dem Gebiet der Garagengestaltung: Reduzierte Fronten und klare Proportionen gleichen Garage und Haus einander an. Während die einen neue Designräume erschließen, machen die anderen Schluss mit den Ölflecken auf dem

Boden und dem Ersatzkanister Benzin und steigen auf Elektroflitzer um, entsiegeln den Boden und bescheiden sich mit einem Carport. Der „scheckheftgepflegte Garagenwagen" stirbt aus. Viele Städter leasen nur noch spontan. Sie haben kein libidinöses Verhältnis mehr zur Fortbewegung auf vier Rädern, sondern eher zur App, die genau sagt, wo das nächste Fahrzeug steht. Dann geht es zum Baumarkt oder zum Möbelkauf, und nach ein paar Stunden stellt man das Fahrzeug irgendwo am Straßenrand ab.

1992 schrieb Harry Mulisch in seinem grandiosen Roman „Die Entdeckung des Himmels": „Ein Autofahrer ist kein Fußgänger in einem Auto, sondern eine völlig neue Kreatur aus Fleisch, Blut, Stahl und Benzin" – ein moderner Zentaur. Noch immer bildet die Tiefgarage die Basis unserer mobilen Gesellschaft. Aber das muss nicht so bleiben. Carsharing und Taxi-Apps, ja sogar Dienstleister wie Uber bilden nur den Anfang. Wenn bald hauptsächlich selbstfahrende Autos durch die Straßen kurven, werden ihre Eigentümer womöglich selbst kleine Taxiunternehmer, deren Fahrzeuge ständig auf Achse sind und keinen Stehplatz mehr brauchen. Umgekehrt nutzen wir Mobilität immer dann, wenn uns gerade danach ist. Die Garage alter Prägung wird zum Auslaufmodell. Sie findet ihre letzte Ruhestätte in Luxuswohnungen, direkt neben dem freistehenden Küchenblock und dem Wellnessbad. Alle anderen, weitgehend autofreien Stellplätze könnten in Gemeinschaftsgärten umgewandelt werden – und Garagen in Plantagen für Champignons. Oder in Stauraum für all die Kartons der Online-Bestellungen.

# Das wollen wir vom Smart Home

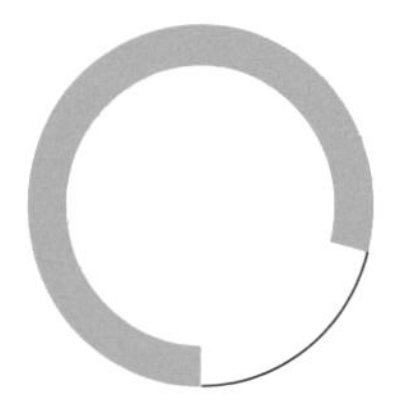

*Sauberkeit dank Staubsaugerroboter*
79 %

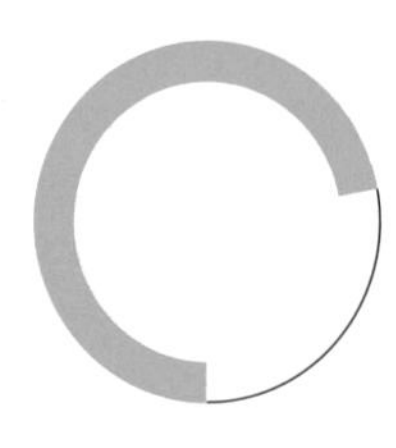

*Frischer Kaffee zum Aufstehen*
72 %

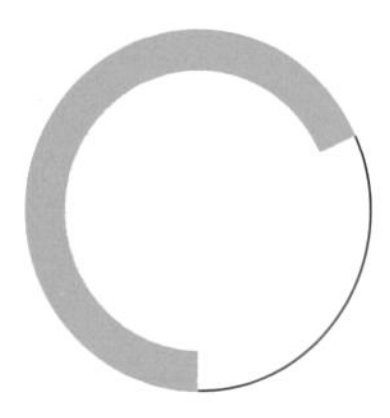

*Automatische Notruffunktion*
68 %

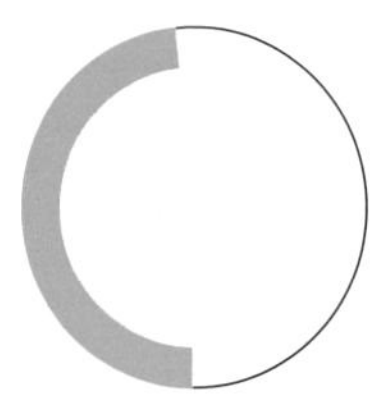

*Krosser Braten im intelligenten Ofen*
48 %

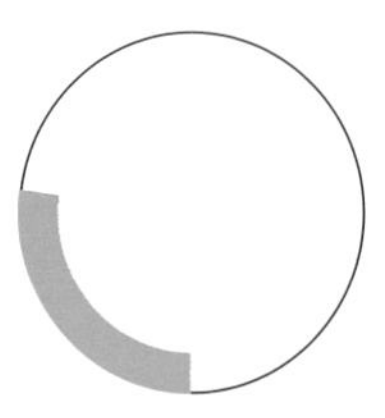

*Türöffner für Paketboten & Handwerker*
27 %

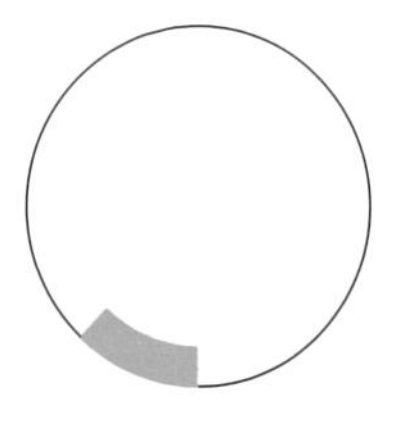

*Kinderbetreuung*
12 %

Invasion des Büros:
*Homeoffice*

Corona brachte schlagartig zusammen, was die Moderne mühsam getrennt hatte. Nach der Wohnküche, dem halböffentlichen Schlafzimmer samt Wellnessbad ist das Homeoffice die dritte Wohnwende des frühen 21. Jahrhunderts. Menschen, Städte und Wohnhäuser müssen sich erst noch darauf einrichten. Was genau die erzwungene Einsamkeit vor dem heimischen Rechner mit uns macht, ist wohl bereits Gegenstand diverser soziologischer und psychologischer Studien. Wir können hier nur spekulieren. Und annehmen, dass es von den jeweiligen Umständen abhängt, ob Selbstisolation als Befreiung, angenehme Abwechslung oder als Strafe empfunden wird, die nun acht Stunden in der eigenen Bude abzusitzen ist.[31]

Die vermeintliche Freiheit ist oft keine. Digitale Überwachung und ständige Erreichbarkeit unterminieren die Unverletzlichkeit der Wohnung. Die Bürotür hinter sich schließen, nach Hause gehen und dort mal Mensch sein – das war einmal. Insofern beschleunigt Corona nur das, was sich die letzten Jahre ohnehin abgezeichnet hatte. Homeoffice heißt auch, dass selbst Mittagspausen nicht so einfach durchzusetzen sind. Jederzeit kann etwas Wichtiges reinkommen, ein Kollege um Hilfe bitten oder die Vorgesetzte eben mal den überfälligen Bericht anfordern. Was tun? Höflich absagen – oder ostentativ im Chat die Stulle in den Mund schieben? Fragen der Etikette sind nicht bedeutungslos. Dahinter steht die viel bedeutsamere Frage: Ist das Homeoffice nun Strafe oder Privileg? Vom Standpunkt eines Monteurs, dem nie eine Wahl gelassen wurde, wo er Autos zusammenschrauben soll, ist Heimarbeit bestimmt ein großer Vorzug. Eine Umfrage des Meinungsforschungsunternehmens Civey im März 2020 für den Bundesverband Digitale Wirtschaft zeigte noch eine überwältigende Mehrheit für die Arbeit zu Hause: 58 Prozent der 1000 Befragten „wünschen sich dies ausdrücklich, 17,4 Prozent sind noch unentschieden."[32] Das dürfte sich ändern, sobald aus der Krise ein Dauerzustand wird und das Homeoffice heimlicher Standard. Bezahlt wie Angestellte, bei Arbeitszeiten wie Selbstständige? Davon haben sicher nicht alle Büroarbeiter geträumt. Mit den Orten und Zeiten verschwimmen auch die Kategorien.

Das Homeoffice ist eine Herausforderung – soziologisch wie gestalterisch. An der Schnittstelle von Heim und Arbeit prallen Welten aufeinander. So sehr das Büro in den letzten Jahren auch gemütlicher erscheinen sollte und irgendwie lässig, es blieb doch eher ein Ersatz-Zuhause mit einer Ersatz-Familie auf Zeit. Dagegen ist gar nichts zu sagen, nur ist das Homeoffice wirklich eine Gestaltungsaufgabe? Oder doch eher eine Frage der Psychologie? Im Mittelpunkt steht das Wohlbefinden, aber auch der Wunsch nach Austausch jenseits der Kernfamilie oder der Partnerschaft. Umfragen sind dabei durchaus widersprüchlich. Obwohl neun von zehn Befragten „entweder vollständig oder wenigstens teilweise mobil arbeiten möchten", wie eine Studie von Boston Consulting Group, The Network und dem Jobportal Stepstone unter 208 000 Menschen im Frühjahr 2021[33] ergab, zeigt eine zeitgleiche Umfrage unter 28 000 Beteiligten, dass gerade vier Prozent „ganz auf das Büro verzichten würden."[34] Vielleicht ist das ja auch kein echter Widerspruch, aber eines ist sicher: Die Invasion der Arbeit ins traute Heim verändert unsere Wahrnehmung. Gewohnte Sicherheiten laufen aus, neue Routinen bilden sich – oft zuungunsten des häuslichen Friedens.

Offenbar nutzten einige Arbeitnehmerinnen die erzwungene Distanz der Corona-Wellen zu umfangreichen Renovierungsarbeiten. Wände streichen, Boden abschleifen, Tapeten ausrollen. Mitte März 2020 verkündete das Pinterest-Presse-Team, dass die Suchanfragen zu „Schreibtisch im Büro organisieren" um 473 Prozent gestiegen seien. Allerdings ging es zugleich um Recherchen wie die für „goldene Milch", also Kurkuma Latte (um 43 % gestiegen), und Stilfragen, etwa nach dem perfekten „Homeoffice-Outfit" (plus 82 %). Darf man sich im Schlabberpulli eigentlich vor den Rechner setzen? Natürlich. Wenn schon lässig, dann richtig. Doch soziale Kontrolle per Videochat schränkt die persönliche Lässigkeit doch gehörig ein. Dann googelt man etwa den deutschen Comedian Mario Barth, der gespielt verkatert und im Schlafrock die größte aller Stilfragen stellt: Warum überhaupt noch anziehen? Und mit einem Schlag wird deutlich: Nicht jeder ist ein Big Lebowski, der selbst im Pyjama stilvoll einkaufen kann. Offenbar geht es im Homeoffice auch um Selbstachtung.

Dafür braucht es allerdings keine Expertentipps, wie noch mehr Nutzung in die vier Wände zu quetschen ist oder Hinweise, wie auf dem Küchentisch gezeichnet und auf dem Couchtisch ein digitales Meeting gut aussieht. Es geht auch nicht darum, wie mit einem höhenverstellbaren Schreibtisch die letzten Leistungsreserven zu heben sind, hier geht um ganz persönliche Entscheidungen, in die in der Regel weder Architekten noch Designer einbezogen werden. Das hat sogar einen guten Grund. Der Stadtwanderer und Soziologe Lucius Burckhardt meinte einmal, dass Dinge mit so hohem Symbolwert und so geringem Anteil von Erfindung wie das Essbesteck gar nicht Gegenstand von Gestaltung seien. Gleiches könnte man vom Homeoffice annehmen. Hier soll sich jede(r) austoben, wie es gerade gefällt, wenn damit ein Stück Persönlichkeit verbunden ist. Das heißt dann vielleicht nicht mehr „Arbeiten 4.0“ oder „New Work“. Sondern Arbeitsküche. Oder Schlafcomputerzimmer. Ein ganz normales Stück Heim. Darauf müssen wir uns wohl oder übel einrichten.

## Schön locker bleiben

My home is my office. Was heißt das nun konkret für die Zukunft der Wohnung, wenn niemand mehr so genau sagen kann, wo die Arbeit eigentlich endet und das Zuhause beginnt? Als halböffentlicher Ort nehmen die eigenen vier Wände jedenfalls selbst hybride Züge an und stellen das Private in Frage. Was das mit Menschen machen kann, hat Billy Wilder bereits 1960 mit „The Apartment“ gezeigt. Versicherungsagent C.C. „Bud“ Baxter fühlt sich von seinem Heim entfremdet, da es zeitweise als Liebesnest für Vorgesetzte dient. Das „Un-Private-Home" wäre langfristig wohl gefährlicher als alles, was kluge Arbeitswissenschaftler und Innenarchitekten bislang mit dem Büro anstellten, das immer wohnlicher wurde und verspielter, aber eigentlich nur auf Effizienz getrimmt wurde. Sollte das Homeoffice wirklich Standard werden, gilt es, das Home vor dem Office zu schützen.

Mit Arbeitsstättenverordnungen und DIN-Vorgaben unterm Arm die eigene Wohnung zu ertüchtigen, hier eine Tageslichtleuchte aufzustellen und dort für Mindestabstände zu sorgen, weist in die falsche Richtung. Dürfen Hausaufgaben etwa nicht mehr am Esstisch entstehen, weil der neuerdings für die Büroarbeit reserviert ist? Das Zuhause ist jedenfalls kein Ort für Büro-Normen. Richtlinien, die der Gesundheit von Arbeitnehmern und Arbeitnehmerinnen verpflichtet sind, sollten der neuen Lebenswirklichkeit angepasst werden, nicht umgekehrt. Wenn Mama oder Papa mit dem Baby im Tragetuch gerade am Computer arbeiten, geht es nicht um Normen, sondern um Minuten. Familienleben, Arbeit und Freunde auf begrenztem Raum unter einen Hut bringen zu müssen, ist für viele unmöglich. Und für manche sogar eine Horrorvorstellung. Selbst in der großzügigen Altbauwohnung ist ein permanentes Arbeitszimmer ein Eindringling. Multifunktionsmöbel, Klappschreibtische und Bürowandelboxen werden dieses Problem nicht lösen. Es zeigt sich vielmehr, dass es an der Zeit ist, die Kategorien Arbeit, Leben und Freizeit neu zu denken und ihnen neue Räume zuzuweisen. Manche werden sich nach neuer Trennung sehnen, andere arrangieren sich mit der fortschreitenden Hybridisierung der Welt. Sie mögen Schlafküche oder Kochbüro, Arbeitsküche oder Schlafcomputerzimmer heißen, was genau das bedeutet, muss jede(r) mit sich ausmachen, mit Familie, Freunden und Bekannten, denen es oft ähnlich geht.

1 Benjamin, Walter: *Das Passagen-Werk. Band 1*, Frankfurt am Main, 1982. S. 292.
2 Siehe auch Herwig, Oliver: *Mit Schirm, ohne Charme*. Süddeutsche Zeitung, 28.10.2016.
3 Schütte-Lihotzky, Margarete: *Rationalisierung im Haushalt*, 1926. In: Fischer, Volker; Hamilton, Anne (Hrsg.): *Theorien der Gestaltung. Grundlagentexte zum Design. Band 1*. Frankfurt am Main, 1999. S. 169–172.
4 Farwer, Lukas: *Lebensdauer einer Küche – alle Infos zur Haltbarkeit*. Focus online, 30.11.2017. praxistipps.focus.de/lebensdauer-einer-kueche-alle-infos-zur-haltbarkeit_97872
5 destatis.de/DE/Themen/Gesellschaft-Umwelt/Einkommen-Konsum-Lebensbedingungen/Ausstattung-Gebrauchsgueter/Tabellen/a-haushaltsgeraete-gebietsstaende-lwr.html
6 Siehe ernaehrungsvorsorge.de/private-vorsorge/notvorrat/vorratskalkulator/
7 Loos, Adolf: *Die moderne Siedlung*, 1926. In: Loos, Adolf: *Sämtliche Schriften in zwei Bänden – Erster Band, herausgegeben von Franz Glück*, Wien, 1962, S. 402–428. Zitiert nach Wikisource: de.wikisource.org/wiki/Die_moderne_Siedlung#Anmerkungen_des_Herausgebers
8 Siehe de.statista.com/themen/4914/kuechenmoebel-in-deutschland/ aber auch de.statista.com/statistik/daten/studie/255167/umfrage/umsatz-der-deutschen-kuechenindustrie/
9 Siehe dagegen noch eine Umfrage von 2008: de.statista.com/statistik/daten/studie/163620/umfrage/stellenwert-der-kueche-in-der-wohnung-nach-altersgruppen/
10 Ahrens, Sandra: *Wie häufig wird in Ihrem Haushalt gekocht?* de.statista.com/statistik/daten/studie/92/umfrage/haeufigkeit-des-kochens/
11 Dettweiler, Marco: *Heiß und trendig*. Frankfurter Allgemeine Zeitung, 10.5.2021. faz.net/aktuell/technik-motor/technik/moderne-kueche-nachfrage-nach-geraeten-ist-zurzeit-enorm-17330185.html
12 *Küchentrends 2021*. AMK, 4.2.21. amk.de/pressemeldung/kuechentrends-2021/
13 Siehe auch Herwig, Oliver: *Zelle, Grotte, Wellness-Tempel*. Süddeutsche Zeitung, 16.9.2016.
14 Siehe auch Herwig, Oliver: *Abschied von der guten Stube*. Süddeutsche Zeitung, 8.7.2016.
15 Siehe Herwig, Oliver: *Eigernordwand in Furnier*. Süddeutsche Zeitung, 24.3.2017.
16 Siehe Herwig, Oliver: *Chaos im Kinderzimmer*. Süddeutsche Zeitung, 10./11.7.2021. sueddeutsche.de/leben/chaos-im-kinderzimmer-aufraeumen-erziehung-1.5343984?reduced=true
17 Siehe auch Herwig, Oliver: *Das Ende der Privatheit*. Süddeutsche Zeitung, 30.9.2016.
18 Siehe auch Herwig, Oliver: *Bettgeschichten*. Süddeutsche Zeitung, 23.12.2016.
19 Dribbisch, Barbara; Beucker, Pascal: *Rückzug aufs Hochbett*. taz, 11.6.2014. taz.de/Enge-auf-dem-Wohnungsmarkt/!5040382/
20 Müller-Doohm, Stefan; Jung, Thomas: *Kultur und Natur im Schlafraum*. In: Stefan Müller-Doohm und Klaus Neumann-Braun (Hrsg.): *Kulturinszenierungen*, Frankfurt am Main, 1995. S. 239–262; Müller-Doohm, Stefan; Jung, Thomas; Vogt, Ludgera: *Wovon das Schlafzimmer ein Zeichen ist. Text- und Bildanalysen von Schlafraumkultur im Werbemedium*. In: Hans A. Hartmann und Rolf Haubl (Hrsg.): *Bilder-flut und Sprachmagie. Fallstudien zur Kultur der Werbung*, Opladen, 1992. S. 245–266; Müller-Doohm, Stefan: *Die kulturelle Kodierung des Schlafens oder: Wovon das Schlafzimmer ein Zeichen ist*. In: Soziale Welt, Nr. 1, Jg. 47, 1996, S. 110–122. uol.de/stefan-mueller-doohm/publikationen
21 Siehe auch Herwig, Oliver: *Draußen vor der Tür*. Süddeutsche Zeitung, 19.8.2016.
22 de.wikipedia.org/wiki/Br%C3%BCder,_zur_Sonne,_zur_Freiheit. Siehe auch Haung, Julia: *Radikal anders wohnen – Leben in Bauhaus-Architektur*. SWR2, 29.6.2020. swr.de/swr2/wissen/radikal-anders-wohnen-leben-in-bauhaus-architektur-swr2-wissen-2020-07-06-100.html
23 Siehe auch Herwig, Oliver: *Mit Kürbis und Hortensie trotzen wir dem Chaos*. Neue Zürcher Zeitung, 26.9.2016. nzz.ch/feuilleton/mit-kuerbis-und-hortensien-trotzen-wir-den-katastrophen-ld.1504728
24 Siehe etwa exemplarisch zum Thema: ndr.de/kultur/Revival-der-Zimmerpflanzen,zimmerpflanzen168.html; ndr.de/ratgeber/garten/zimmerpflanzen/Bogenhanf-Robuste-Zimmerpflanze-im-Retro-Look,bogenhanf102.html
25 *Kleingärten im Wandel – Innovationen für verdichtete Räume*. bbsr.bund.de/BBSR/DE/FP/

ReFo/Staedtebau/2017/klein-gaerten/03-ergebnisse.html

26 Siehe auch Herwig, Oliver: *Keller und Dachboden werden edel.* Süddeutsche Zeitung, 29.7.2016.

27 Im Vergleich zu den USA steht der europäische Selfstorage-Markt mit seinen knapp 3.247 Selfstorage-Standorten im Jahr 2017 und ca. 8,7 Mio. m² vermietbarer Fläche noch am Anfang. Siehe de.wikipedia.org/wiki/Mietlager; *Selfstorage.* Stiftung Warentest, 10.9.2014. test.de/Selfstorage-So-schaffen-Sie-schnell-mal-Platz-4745489-0/

28 Siehe auch Herwig, Oliver: *Freiheit im Untergrund.* Süddeutsche Zeitung, 11./12.1.2020. Siehe dazu auch: de.wikipedia.org/wiki/Josef_Fritzl; de.wikipedia.org/wiki/Im_Keller_%282014%29; de.wikipedia.org/wiki/Natascha_Kampusch; party-ratgeber.com/partykeller/; deutschland-feiert.de/partylocation/partykeller

29 Bude, Heinz: *Prolegomena zu einer Soziologie der Party.* Die Welt, 23.11.2015. welt.de/kultur/article149142953/Prolegomena-zu-einer-Soziologie-der-Party.html. Siehe hierzu auch z-i-g.de/pdf/ZIG_4_2015_party_bude_5.pdf

30 Siehe hierzu auch Herwig, Oliver: *Ein schöner Schrein.* Süddeutsche Zeitung, 30.12.2016; Matzig, Gerhard: *Wohnen: Über Garagen und was darin zu finden ist.* Süddeutsche Zeitung, 2.4.2021.

31 Siehe hierzu auch Herwig, Oliver: *Die Welt nach Corona.* Frankfurter Rundschau, 9.6.2020. fr.de/politik/raum-zeit-dilemma-13793254.html

32 bvdw.org/der-bvdw/news/detail/artikel/bvdw-studie-mehrheit-der-deutschen-angestellten-wuenscht-sich-wegen-des-corona-virus-home-office-m/

33 businessinsider.de/karriere/stepstone-umfrage-wie-arbeitnehmer-in-zukunft-arbeiten-wollen/

34 *Sehnsucht nach dem Büro.* Meldung. Frankfurter Allgemeine Zeitung, 10.4.2021, S. C1. Dort der Hinweis auf Umfrage des Stellenportals „Stepstone“.

# Leben in der Nutzeroberfläche
## *Wohnausblick*

„Ich denke, dass die meisten Menschen nicht wollen, dass Google ihre Fragen beantwortet. Sie wollen, dass Google ihnen sagt, was sie als Nächstes tun sollen."[1]

Eric Schmidt
*ehemaliger Google-CEO und*
*Executive Chairman*

Die Zeit analoger Wohnungen geht zu Ende. Sie sind bald Teil einer Cloud-Infrastruktur, die sehr viel über die Wünsche und Vorlieben ihrer Bewohnerinnen und Bewohner weiß und diese ganz selbstverständlich in Profile, personalisierte Angebote, Services und neue Geschäftsideen umsetzt. Big Data eröffnet eine schier unendliche Rohstoffmine, aus der Algorithmen Trends herausdestillieren. Viele Antworten auf die Frage, wie wir in Zukunft wohnen werden, liegen in den Serverfarmen von Google, Facebook, Apple und der NSA. Die Analyse an sich banaler Einzeldaten sagt mehr über Veränderungen im Nutzerverhalten und Denken von Mietern, Eigentümern, Händlern und Baumeistern aus als so manche soziologische Studie. In dieser Zukunft befinden wir uns bereits.

Smart Home erweitert den gewohnten Raum zur Nutzeroberfläche. Was aber kommt unter den digitalen Bausteinen zum Vorschein? Das Leben von morgen ist bequem, vollelektrisch, interaktiv – und doch womöglich etwas einsam. Cocooning in der eigenen Filterblase sucht daher nach seinem Gegenstück im Öffentlichen; die Reduktion bedarf der Weite des Netzes. Es ist noch nicht ausgemacht, in welche Richtung das Ganze laufen wird. Aber eines ist sicher: Flexiblere Grundrisse braucht die Welt. Und mehr Gemeinschaft.

Von der Wohnmaschine der Moderne führt ein direkter Weg zum Maschinenwohnen der Digitalmoderne mit vernetzten Küchengeräten, virtuellen Assistenten und anderen Annehmlichkeiten in der Grauzone zwischen Unterstützung, Überwachung und Rundumversorgung. Das Leben in der Nutzeroberfläche wird ständig „verbessert“ – ein Versprechen, das direkt der modernen Avantgarde entlehnt scheint. Der Preis dafür? Wir bewegen uns in den digitalen Ökosystemen einzelner Anbieter. Nutzer und Nutzerinnen zahlen mit der Preisgabe ihrer Daten. Und erhalten eine lebenslange Betaversion der jeweils besten aller möglichen Datenwelten.

Nach kurzer Zeit „wissen“ die Algorithmen der KI, welche Lichtstimmung wir wünschen, wenn wir von der Arbeit kommen und welche Playlist uns beim Aufwachen hilft. Die Wohnung liest uns alle Wünsche von den Lippen ab. Und wenn jemand vom „Wischen“ spricht, ist bestimmt kein Staubtuch gemeint, sondern das Display eines jener Mobilgeräte, die Lichtszenarien steuern und schon bald den Haustürschlüssel ersetzen dürften.

Eine Studie des Branchendienstes Bitkom vom September 2020 kommt bei digitalen Accessoires zu folgenden Ergebnissen: Die Beleuchtung steht ganz vorn (23 %) , noch vor Alarmanlagen (18 %) und Videoüberwachung (16 %), Heizung (15 %), Steckdosen (13 %), Verbrauchszähler (10 %), Gartengeräte (8 %). Abgeschlagen folgen Fensterputz-Roboter (3 %) sowie Schließanlagen und Haus-Notrufsysteme (je 2 %).[2] Spannender ist schon die Art der Steuerung: Der stationäre Sprachassistent (85 %) schlägt das Smartphone (74 %) – und über die Hälfte aller User steuern per Sprachbefehl (52 %). Das ist in der Tat eine Erleichterung, wenn frau/man gerade mit dem Kleinen im Arm auf der Suche nach einem wichtigen Dokument für die nächste Online-Runde in drei Minuten ist. Und auch diese Erkenntnis ist wichtig: Wir nutzen Smart Home Anwendungen, weil wir uns „mehr Komfort und Lebensqualität“ (72 %) versprechen, „mehr Sicherheit“ (65 %) und mehr Energieeffizienz (52 %). Alle drei Kriterien stiegen in den letzten drei Jahren deutlich, gesunken hingegen ist die Vorstellung, dadurch Geld zu sparen – und zwar von 38 Prozent im Jahr 2018 auf 24 Prozent im Jahr 2020.

Komfort ist das Killerargument. Wir lassen also Rollos automatisch runterfahren, wenn die Sonne aufgeht und regeln die Temperatur des Schlafzimmers von unterwegs, damit es schön kuschlig ist, wenn wir ankommen. Saugroboter bearbeiten die Wohnung und Alexa ist sowieso schon Teil der Famlie, wenn sie mal wieder den Blumenstrauß zum Geburtstag bestellt, den wir sonst vergessen hätten.

# Wie schlau darf der Kühlschrank sein?

Sind wir noch Herr im eigenen Haus? Das hat nun weniger mit Freud zu tun als vielmehr mit Urängsten, von unserer eigenen Schöpfung herausgefordert, überholt oder gar bedroht zu werden: Goethes Zauberbesen, Mary Shelleys Frankenstein und Isaac Asimovs „I, Robot" haben die kollektiven Bilder beigesteuert zur spannenden Frage, ob und wie schlau der Kühlschrank sein darf, der nach dem Software-Update womöglich nur noch gesunde Dinge bestellt, weil er unseren Body-Mass-Index gegoogelt – oder besser: gehackt hat? Oder weil die Krankenkasse dank einer Vertragsklausel die Bestellung überwacht. Noch amüsieren wir uns köstlich über Alexas Missverständnisse,[3] wenn nach einem Fernsehspot, der das Signalwort „Alexa" abspielt, plötzlich Puppenhäuser bestellt werden, doch zeigen sich die Kollateralschäden einer umsorgenden KI.[4] Das Rundum-sorglos-Paket der Digitalökonomie schafft die effizienteste Form der Überwachung – und das in den eigenen vier Wänden. Es kommt in Zukunft sehr wohl darauf an, die Grenzen der Privatheit zu verteidigen[5]. Das Internet der Dinge mit seinen potenzierten Datenströmen dürfte diese Aufgabe sicher nicht einfacher machen.

Mit Blick auf eine alternde Gesellschaft kann es durchaus sinnvoll sein, die Vernetzung von Heim und Mensch in einer barrierefreien Umwelt[6] voranzutreiben, wenn Dinge soziale Funktionen erfüllen, als helfende Hände und unsichtbare Schutzengel. Bereits 2002 entwickelte David Tonge als Partner von Pentagram Design für den damaligen Telekommunikationsriesen AT&T neue Dienstleistungen: „Rentner Joe" trug beispielsweise einen Blutdruckmesser am T-Shirt, während das Essbesteck Kalorien zählte und darüber Protokoll führte, was Joe so alles aß. „Phyllis" hingegen, Mutter von drei Kindern, trug den „Personal Shopper" an ihrer Umhängetasche, der nicht nur ihr Profil kannte, sondern auch ihren Terminplan und mit den Waren im Einkaufsregal kommunizieren sollte. Er erinnerte sie an Sachen, die sie für die Party am Abend „in Betracht ziehen könnte" oder einfach nur an all das, was sie „normalerweise" kaufte. Schritte in eine neue Welt, in der wir uns heute fast schon eingerichtet haben.

Corona veränderte die Art, wie wir miteinander umgehen, reden und uns austauschen. Wir zoomen, skypen und treffen uns zu virtuellen Besprechungen. Wer vor der Krise noch gezögert hatte, moderne Kommunikationsmittel zu nutzen, wird plötzlich zwangsweise upgedated. Zwei Jahre Transformation in Richtung online in zwei Monaten, nannte dieses Phänomen Microsoft-Chef Satya Nadella im April 2020: "We've seen two years' worth of digital transformation in two months. From remote teamwork and learning, to sales and customer service, to critical cloud infrastructure and security – we are working alongside customers every day to help them adapt and stay open for business in a world of remote everything."[7]

Bits und Bytes dienen als Abstandhalter einer Gesellschaft, für die das Treffen unter vier Augen einen exklusiven Genuss darstellt. Das Digitale wird Standard, alles andere wird sich rechtfertigen müssen. Und die nächsten Schritte scheinen vorgezeichnet: Die Wohnung selbst löst sich auf in der Medienwelt, in der wir uns bereits bewegen. Augmented Reality schafft schon heute realistische Daten-Objekte, Wände dienen als Interface – ganz ohne Projektoren. Die beschleunigte Medialisierung unserer vier Wände scheint unumkehrbar. Wir können auf Bibliotheken verzichten und auf Schrankwände, nicht aber auf Steckdosen und WLAN. „Kommunismus ist Sowjetmacht plus Elektrifizierung des ganzen Landes“[8], erklärte Lenin 1920, heute ist Wohnen Daheimsein plus digitale Vernetzung des ganzen Lebens.

# Wohnen 4.0:
# *Unser Heim in 30 Jahren*

Retina- und Fingerabdruckscanner hatten ihre Hochzeit 2028, als die alternde Gesellschaft einem kollektiven Sicherheitswahn verfallen war. Nichts schien schlimmer, als den Zugangscode zum Wohnheim plötzlich zu vergessen (Alzheimer ließ grüßen). Dann kam der Geruchssensor, unsichtbar, überall. Er roch nicht nur, wer gerade im Fahrstuhl stand; er gab zugleich Prognosen an die Krankenkasse ab, ob der Patient (alle waren permanente Patienten) auch seinen Diätplan eingehalten hatte. Bedienfelder und Panels jeder Art waren schon zuvor verschwunden, ebenso die dämlichen Haushaltsroboter der ersten und zweiten Generation, die wie wild gewordene Käfer durch die Wohnung gesurrt waren und doch nur den Staub unter das Bett oder unters Sofa gekehrt hatten. Seit 2028 waren es täuschend echt nachgebildete Haustiere, die tagsüber kuschelten und nachts Staub und Ungeziefer jagten. Kühlschrank und Herd waren um 2040 aus der Wohnung verschwunden, selbst diejenigen mit Sprachsteuerung. Niemand kochte mehr selbst, dafür gab es die drei großen Lieferdienste, die mit dem täglichen Medikamentencocktail auch gleich Heißmahlzeiten ins Haus lieferten. Wer nach 2043 noch Karotten raspelte oder einen Topf sein eigen nannte, galt als Snob. Dafür waren unsere Wohnungen virtuell riesig, fast unendlich groß und ebenso flexibel einzurichten. Erst hatten raumhohe Screens die Wände aufgelöst, dann verschmolzen Fernsehen, Duftsensoren, Videogames und 3D-Hologramme zu einer wahrhaften Augmented Reality. Wir saßen in unseren Kleinstwohnungen und hatten von Berlin aus montags einen traumhaften Ausblick über das Mittelmeer, dienstags auf das Matterhorn und am Wochenende auf die Wüste Gobi. Dank Formplast© – einer Weiterentwicklung des 3D-Druckers – wuchsen Möbel bei Bedarf aus Wand und Boden und wurden wieder eingeschmolzen. Heimwerken und Möbelbau erhielten plötzlich ganz neue Bedeutung.

Doch es kam noch besser: Die Allüberall-Technologie fand ihren Weg zum Menschen mit Implantaten und weiteren Verbesserungen. Der Übergang von Wetware, also DNA-basierter, im Laufe der Evolution hervorgegangener Biologie und Hardware war kein grundsätzlicher mehr, sondern eher ein diskreter. Aus absoluten Grenzen wurden fließende Übergänge. Biosphäre und Technosphäre verschmolzen.

Willkommen in der Zukunft, die wahrscheinlich doch ganz anders aussehen wird als eben beschrieben. Denn zu oft ist unser Blick auf die Welt von morgen nichts anderes als eine hilflose Extrapolation des Heute, wahlweise etwas schicker und bunter, breiter oder schlanker als das, was wir im Augenblick für unglaublich angesagt halten. Trends und Entwicklungen sind noch lange keine Gesetzmäßigkeiten. Sonst hätten wir womöglich Flugautos (wie es Frank Lloyd Wright 1932 mit „Broadacre City" beschwor) oder atomgetriebene Fahrzeuge (wie den Ford Nucleon von 1958).

Die Fünfzigerjahre des letzten Jahrhunderts waren überhaupt so etwas wie eine Brut- und Experimentierkammer der Zukunft, vielleicht sogar mehr, als es die Sechziger waren, die schließlich mit dem Mondflug ein Stück Science-Fiction in die Realität beförderten. Manche Projekte von damals erinnern an gerade aktuelle Visionen, etwa das „House of the Future" von 1957: dimmbares Licht durch eine polarisierte Plastikdecke, Geschirrspüler mit Hochfrequenztechnik, Kühlzonen in Griffhöhe, ausfahrbare Mikrowelle, zentrale Klimasteuerung (mit einigen wenigen Knöpfen statt heutigen Panels) und ein Telefon mit Tasten (statt Wählscheibe) und Freisprechanlage. Das Ganze unterlegt mit dem Versprechen von „utmost convenience and efficiency", höchstem Komfort und Effizienz.

Viele der Zukunftsvisionen blieben hierbei stehen. Sie berauschten und verloren sich im technologischen Fortschritt, gleich, ob es nun Utopien oder Dystopien wurden, von denen Hollywood in letzter Zeit ungleich viele produziert und die nun regelmäßig von realen Schreckensmeldungen übertroffen werden: Waldbrände, Dürrekastastrophen, Unwetter und Überschwemmungen nehmen beänstigende Ausmaße an. Armut, Klimaflüchtlinge und zerstörte Ernten geben einen Vorgeschmack auf das, was uns und unseren Kindern bevorsteht, wenn wir nicht heute handeln. Die Zukunft verlangt gewaltige Anstrengungen. Technologische und klimatische Veränderungen kommen zusammen und verstärken einander. Digitale Disruption, Urbanisierung sowie Klimawandel und Bevölkerungswachstum bei anhaltenden Pandemie und Migration verknäulen je große Herausforderungen zu einem schier unlösbaren Syndrom namens Ungewissheit, dem sich nicht irgendwelche Politiker dort oben stellen müssen, sondern wir alle.

56,15 Prozent Stadtbevölkerung[9] meldet die United Nations Population Division im Rahmen ihrer revidierten World Urbanization Prospects für 2020 – eine Zahl, die durch die Medien ging. Wohnen in der Zukunft heißt für die Mehrzahl der Menschen nun: Wohnen in der Stadt. Zugleich explodiert die Zahl der vernetzten Geräte: Allein im Konsumerbereich erwarten Strategen knapp 16 Milliarden Gegenstände bis 2030.[10] Damit übersteigt deren Zahl die gegenwärtige Weltbevölkerungszahl (augenblicklich rund 7,7 Milliarden) um das Doppelte. [11]

Wer von morgen spricht, denkt an eine zu gestaltende Wirklichkeit, an etwas, das wir bewusst verändern, zumindest in Teilen steuern können, als Summe persönlicher Entscheidungen für oder gegen bestimmte Varianten. Es könnte aber auch ganz anders sein. Nicht wir bestimmen den Gang der Dinge, sondern die Dinge bestimmen uns, ganz profan. Weder Telefon noch Fernsehen, Internet oder das Automobil standen auf dem Wunschzettel unserer Vorfahren, sie wurden ihnen einfach vorgesetzt. Immerhin können wir Marken auswählen und Farben, aber nicht, ob wir ein Flughausboot bewohnen wollen oder eine Pneuhalle. Schon bei Grundrissen wird es schwieriger. Wohnen bleibt eine konservative Angelegenheit. Sie wird weniger durch bahnbrechende Möbelerfindungen bestimmt oder durch völlig neue Wohntypologien, sondern durch diffuse Spannungsfelder zwischen Nähe und Distanz, Komfort und Einfachheit, Ge-Wohn-heit und Außerge-Wöhnlichen, dem was wir uns leisten können oder gerade noch so erübrigen können. Am eindrücklichsten brachte diesen Konflikt der Designer Raymond Loewy mit seiner legendären „MAYA“-Schwelle auf den Punkt. Er verlangte Produkte, die

„most advanced yet acceptable" sein sollten – also so fortschrittlich wie möglich, aber zugleich noch annehmbar.[12] Das sollte auch für Wohnungen gelten, die in Zukunft mehr und mehr leisten müssen: als Botschafter einer barrierearmen, wenn nicht gar barrierefreien Welt, die nachhaltig gepflegt wird.

Wohnen wird nicht einfacher an den Schnittlinien von Gesellschaftswandel und technologischer Disruption. Das hybride Heim wird uns weiter begleiten. Freizeit und Arbeit lassen sich darin kaum noch voneinander abgrenzen – genausowenig wie Intimität und Öffentlichkeit: das eine bedingt immer auch das andere. Während das klassisch familienzentrierte Wohnen keinen Standard mehr darstellt, eröffnet sich Raum für neue Konstellationen. Monofunktionale Zimmer haben keine Zukunft mehr, dafür temporäre Räume, die Arbeitsbad heißen könnten oder Wohnkochschlafraum. Smart Home heißt die neue Offenheit: Willkommen App home! In einem Heim, das sich in die globalen Datenströme einklinkt und unsere Vorlieben und Gewohnheiten ganz selbstverständlich mit der Cloud teilt.

Wie verdichtete Kurt Tucholsky doch 1927 Wohnräume und -träume unter dem Titel „Das Ideal" zu einer zeitlosen Moral: „Das Ganze schlicht, voller Bescheidenheit: / Neun Zimmer – nein, doch lieber zehn! / Ein Dachgarten, wo die Eichen drauf stehn, / Radio, Zentralheizung, Vakuum, / eine Dienerschaft, gut gezogen und stumm". Die elektronische Dienerschaft gibt es bereits – und auch die neuen radelnden Dienstboten – mit allen Konsequenzen für die künftige Gesellschaft. Vieles vom Wohnen der Zukunft mag ungewohnt klingen, flexible Grundrisse und neue Gemeinschaftsmodelle aber sind überfällig. Wir brauchen mehr Experimente und Investitionen in barrierefreie Welten – analog wie digital. Es liegt an uns, diese Freiheit zum Wohle aller zu nutzen.

1 Hurtz, Simon: *Google will Antworten geben, bevor jemand Fragen stellt.* Süddeutsche Zeitung, 24.10.2018. sueddeutsche.de/digital/google-discover-1.4181596
2 Klöß, Sebastian; Gentemann, Lukas: *Das intelligente Zuhause: Smart Home 2020. Ein Bitkom-Studienbericht*, September 2020. bitkom.org/sites/default/files/2020-09/200922_studienbericht_smart-home.pdf
3 Plass-Fleßenkämper, Benedikt; Bauer, Manuel: *Alexa-Panne: Amazon Echo bestellt Puppenhäuser.* Computerbild, 9.1.2017. computerbild.de/artikel/cb-News-Internet-Alexa-Panne-Amazon-Echo-Puppenhaeuser-17145863.html
4 Kolbrück, Olaf: *Künstliche Intelligenz: Pleiten, Pech und Pannen.* Etailment, 16.12.2019. etailment.de/news/stories/KI-Pannen-Adidas-Alexa-22386
5 Siehe dazu kritisch Rötzer, Florian: *Sein und Wohnen. Philosophische Streifzüge zur Geschichte und Bedeutung des Wohnens.* Frankfurt am Main, 2020. S. 9.
6 Herwig, Oliver: *Universal Design. Lösungen für einen barrierefreien Alltag.* Basel, 2008. degruyter.com/document/doi/10.1515/9783034609678/html
7 Spataro Jared: *2 years of digital transformation in 2 months.* Microsoft, 30.4.2020. microsoft.com/en-us/microsoft-365/blog/2020/04/30/2-years-digital-transformation-2-months/
8 ostblog.org/2013/04/kommunismus-ist-sowjetmacht-plus-elektrifizierung-des-ganzen-landes/
9 World Urbanization Prospects: *2018 Revision: Urban population (% of total population).* United Nations Population Division. data.worldbank.org/indicator/SP.URB.TOTL.IN.ZS
10 Siehe Holst, Arne: *Number of IoT connected devices worldwide 2019–2030.* Statista, 20.1.2021. statista.com/statistics/1194682/iot-connected-devices-vertically/
11 Siehe ourworldindata.org/world-population-growth; data.worldbank.org/indicator/sp.pop.grow
12 Loewy, Raymond: *Hässlichkeit verkauft sich schlecht. Die Erlebnisse des erfolgreichsten Formgestalters unserer Zeit.* Düsseldorf, 1953. S. 227ff.

# Home, Smart Home: *Wohnglossar 2.0*

Die Welt wandelt sich. Und zwar schnell. Das Smart Home hat seine eigene Techno-Sprache. Ein kleiner Überblick aus dem Jahr 2022.

**1234** Angeblich beliebtestes *>Passwort* für Rechner, *>Handys* und mehr.

**12345** Angeblich zweitbeliebtestes *>Passwort* für Rechner, *>Handys* und mehr.

**24/7** Rund-um-die-Uhr erreichbar. Gilt für *>Internetdienste* wie für manche Zeitgenossen *>Nerd*.

**3D-DRUCKER** Gerät zum Ausplotten dreidimensionaler Objekte auf Basis von *>Daten*. Hebt den Gegensatz von Produzenten und Nutzern auf. Perfekt für Ersatzteile in entlegenen Weltgegenden und vielleicht einmal für Teile der Wohneinrichtung. Baustein der *>Fabrik 4.0* und des *>IoT*.

**5G** Mobilfunkstandard für massive *>Datenmengen*. Könnte eigene *>Router* und *>WLAN* ablösen.

**ABSTURZ** Zusammenbruch von *>Programmen* und *>Computern*, meist durch ungenaue *>Programmierung*, Fehler der *>User*, seltener durch *>Hackerangriffe*. Gefahr, dass dabei *>Daten* verloren gehen. Wer auf *>Sicherheit* Wert legt, legt eine *>Sicherheitskopie* an.

**ACCOUNT** Ein persönliches Konto für *>User* in der *>Plattformökonomie*. Grundlage, *>Funktionen* des *>Internets* zu nutzen.

**ADMIN(-ISTRATOR)** Faktischer Herr eines *>Computers* oder *>Netzwerks*, richtet *>Zugriffsrechte* für *>Programme* ein (*>Funktionen*). Immer in der Gefahr, *>gehackt* zu werden und damit potenzielles *>Sicherheitsrisiko*.

**AIRBNB** Digitale Version des klassischen Bed'n'Breakfast, das nicht nur die Art verändert hat, wie wir Urlaub machen (als Einheimische unter Einheimischen, in deren Wohnungen, mitten in der Stadt), sondern auch manche Tourismusdestinationen dazu bewogen hat, Beschränkungen gegen die Umwandlung von Wohnungen in Mietobjekte zu erlassen. *>Teil* der digitalen *>Plattformökonomie*, *>Update*

**AKKU** Energieversorgung von *>Mobilgeräten*. Eigentlich mit immer zu wenig Laufzeit.

**ALEXA** Künstliche Intelligenz *>KI* beziehungsweise digitaler *>Assistent* von *>Amazon*, verbunden mit den physischen Geräten Amazon Echo, Echo Dot oder dem Fire TV Stick. Teil des *>Smart Home*. Für viele legitimer Nachfolger von Stereoanlage und TV-Fernbedienung mit bequemer *>Sprachsteuerung* und Internetbestellfunktion. Für Kritiker Methode der Raumüberwachung und Portal zu den Wünschen der Nutzerinnen und Nutzer *>User*. *>Mitbewerber* sind Cortana (Microsoft), Siri (Apple) und Co.

**ALGORITHMUS** Logische Befehlskette, die ein Problem in kleine Schritte zerlegt, die zu einer Lösung führen. Teil der *>KI* und damit des *>Smart Home*.

**AMAZON** Internethändler, gegründet 1996 von Steven Bezos, mit Hauptsitz in Seattle. Teil der Großen 5 (*>GAFAM*: Google, Amazon, Apple, Facebook, Microsoft). Für viele bequeme Möglichkeit (*>Convenience*), rund um die Uhr (*>24/7*) einzukaufen. Für Prime-Kunden erfolgt die Lieferung kostenlos, sie erhalten zugleich Zugang zu einer umfangreichen Video-on-demand-Streamingplattform. Manche sehen in Amazon aber auch einen Katalysator für das Sterben kleiner, inhabergeführter Geschäfte und Läden in den Städten und einen Giganten, der sich gegen Gewerkschaften stemmt und mit diversen Steuervermeidungsstrategien einen ungleichen Wettbewerb befördert (Oligopol).

**APP** Kurzform für Applications, als Anwendungen, die auf *>Mobilgeräten* laufen und entscheidend sind für die *>Convenience*.

**ASSISTENT** Bezeichnung für digitale Entitäten, die meist hilfreich zur Seite stehen *>KI*.

**AUGMENTED REALITY** Überlagerung der Umgebung durch künstliche Elemente, die sich *>interaktiv* mit dem Raum und den *>Usern* verhalten. Oft Quelle der Zerstreuung.

**BEAMER** Nachfolger des Fernsehers. Macht aus einer weißen Wand, Sesseln und Sofa ein veritables Heimkino *>Dolby Sourround*.

**BETATESTER** Meist unfreiwillige >*User* der jeweils neuesten Softwareversion, >*Update*, nach >*Einloggen* >*Download* über das Internet. Verspricht höhere >*Sicherheit* und mehr >*Funktionen* und/oder >*Convenience*.

**BETRIEBSSYSTEM** Grundlegende >*Programme* zum Betrieb digitaler Geräte.

**BIG DATA** Grundlage der >*Plattformökonomie*. Nutzerdaten werden aus verschiedensten Quellen zusammengeführt. Neuerdings kommen massenhafte Maschinendaten des >*IoT* hinzu. Erst diese ungeheure Datenbasis ermöglicht es >*Algorithmen* und >*KI*, Muster aus den vielen Einzeldaten herauszufischen, ungewohnte Verknüpfungen herzustellen und neue Geschäftsmodelle zu testen. Das >*Smart Home* ist über >*WLAN* und >*5G* Teil dieser >*Datenanalyse*.

**BILDSCHIRM** Etwas veraltete Bezeichnung für Monitore >*TV*

**BINGE-WATCHING** Serienmarathon bis spät in die Nacht. Chance, alle Folgen einer Staffel in einem Rutsch anzusehen, am besten auf dem Sofa und im Bett – und das Erlebnis mit vielen >*Freunden* zu >*teilen*.

**BLUETOOTH** Kabellose Geräteverbindung zwischen Mobilgeräten beziehungsweise zwischen Mobilgeräten und stationären Geräten wie Druckern etc. Kleiner Bruder des allgegenwärtigen >*WLAN*.

**BOXSPRING(BETT)** Aus Amerika stammende Bettkonstruktion. Schlafexperten und manche Senioren schwören auf den erhöhten Liege->*Komfort* des Klassikers, einer Kiste mit Federn, sprich Federkernmatratze und >*Topping*.

**BREITBAND(-INTERNETZUGANG)** Anschluss ans >Internet mit hoher >*Datenübertragungsrate*. Macht Wohnen und Arbeiten auf dem Land möglich.

**CLOUD** Metaphorische Bezeichnung des >*Internets* und seiner Möglichkeiten, >*Daten* jenseits der eigenen Geräte zu speichern.

**COUCHSURFING** Übernachtung bei Freunden und solchen, die man nur über digitale Plattformen (>*Social Media*) kennt. Unkommerzielle Form von >*Airbnb*.

**COCOONING** Verkapselung in der eigenen Wohnung, mitunter auch freiwilliger Rückzug von der Welt >*Nerd*.

**CO-LIVING** Digitales >*Update* klassischer >*Wohngemeinschaften*. Im Unterschied zu ihnen nicht an Zeiten der Ausbildung und Studium gebunden. Meist mit mehr >*Komfort* und besserer Ausstattung. Im Zentrum stehen Gemeinschaftseinrichtungen wie Wohnküche, manchmal verfügt jedes Privatzimmer sogar über ein eigenes Bad.

**CO-WORKING-SPACE** Mietarbeitsplatz unter Gleichgesinnten, die frau/man meistens vorher gar nicht kennt. Gemeinschaftsbüro mit >*Internet*, >*WLAN* und optionalen Services. Kein klassisches Büro, sondern Partnerschaft auf Zeit, bevorzugt genutzt von >*Digitalnomaden* und Menschen, die nur ein >*Notebook* und guten >*Empfang* (Daten, nicht Vorzimmer) brauchen.

**CONVENIENCE** Ausdruck von Bequemlichkeit und Service. Früher hieß es: „Wie bei Muttern."

**CONTENT** Mehr oder weniger sinnvoller Inhalt, für den >*User* bezahlen, oft auch nur mit ihren >*Daten*.

**COOKIES** Winzige Datenpakete, die bei der Nutzung von elektronischen Dienstleistungen >*Programme* vom >*Server* auf einen >*Rechner*, ein >*Handy* geladen werden und die >*User* identifizierbar machen. Grundlage der >*Werbefinanzierten* >*Plattformökonomie* und staatlichen Überwachung.

**DATEN** Bevorzugte Art, für scheinbar kostenlose Services der >*Plattformökonomie* zu bezahlen: mit der Preisgabe der eigenen Gewohnheiten, Vorlieben und Wünsche. Eng verbunden mit reibungslosem >*Zugang* ins >*Internet*.

**DATENSCHUTZ** Großes Ding in Europa, im Alltag der >*User* oft freiwillig ausgehebelt >*Cookies*.

**DIGITALER CONCIERGE** Internet-Nachfolger der allwissenden Hausmeisterinnen und Hausmeister,die traditionell in Frankreich und den USA die Seele eines Mietshauses sind: Digitale >*Zugangskontrolle* zur eigenen Wohnung dank >*Passwort*, >*RFID* oder digitalem Schlüsselbund. Teil eines umfassenden >*Service* rund um die Uhr >*24/7*

**DOCKINGSTATION** Verbindet portable Geräte etwa mit dem HiFi-Gerät, weitgehend durch >*WLAN* abgelöst.

**DOLBY SOURROUND** Tonsystem mit mehreren, abgestimmten Kanälen, das gute Klangqualität verspricht.

**DOWNLOADS** >*Empfang* von >*Daten* auf dem eigenen Computer, oft in Verbindung mit Downloadgeschwindigkeit gebraucht. Wichtig für >*Streamingplattformen* wie >*Netflix*, die herunterladbare Videos on demand anbieten.

**DROHNE** Autonomer Miniaturhelikopter, der zukünftig auch für >*Lieferdienste* interessant sein könnte.

**EARLY ADOPTER** Avantgardisten mit Hang zur technischen Innovation >*Nerd*.

**E-BIKE** Fahrrad mit elektrischem Hilfsantrieb, Nachfolger des Mofas, das Altersunterschiede aufhebt.

**EINLOGGEN** Start von >*Programmen* nach Eingabe eines >*Passwortes*.

**FABRIK 4.0** Die >*smarte* Fabrik, die Werkzeuge und >*Daten* im >*IoT* verbindet.

**FACEBOOK** Aus der Mode gekommenes >*soziales Netzwerk*.

**FEEDBACK** Rückkoppelung von >*Steuerung* und Ausführung beziehungsweise >*User*, vergleiche >*interaktiv*.

**FLATRATE** Einmal für alles zahlen. Oft als Abo. Wichtig bei langen >*Downloads* aus dem >*Internet*.

**FOLLOWER** Die einzigen >*Freunde*, die frau/man sich tatsächlich kaufen kann. Abgesehen von Haustieren.

**FUNKTIONEN** Ihr Umfang bestimmt die Leistungsfähigkeit von >*Programmen*. Entscheidendes Kriterium: >*Convenience*

**FREUNDE** Meist physisch existierende Menschen, manchmal auch nur >*Follower*.

**GADGETS** Belangloses Spielzeug, meist kostenlos. Zusatzfunktionen bei Mobilgeräten.

**GAFAM** Akronym der fünf führenden Firmen der >*Plattformökonomie*: Google, Apple, Facebook, Amazon und Microsoft.

**GEMEINSCHAFTSRÄUME** Herzstück jeder Wohnung, in dem sich Menschen physisch treffen. Besonders beliebt bei Co-Working und Co-Living.

**GESTENSTEUERUNG** Zusammen mit der >*Sprachsteuerung* bequeme >*Convenience* Form der >*Steuerung* des >*Smart Home*.

**HACKER** Panzerknacker des digitalen Zeitalters, gefürchtet von allen, die um ihre >*Sicherheit* besorgt sind, >*Handy*, >*Passwort*.

**HANDY** Deutsche Bezeichnung für Mobilfunkgerät.

**HOMEOFFICE** Das Büro in den eigenen vier Wänden. Oft unfreiwillig.

**HOMESCHOOLING** Unterricht in der Wohnung, da die Schule pandemiebedingt ausfällt. Führt oft zu überforderten Eltern.

**HYGGE** Mehr als gemütlich. Dänisch für „geborgen“, „intim“, „behaglich“, „klein, aber fein“, „niedlich“. >*Wikipedia* meint: „Von Dänen selbst als nationales Stereotyp gebraucht.“

**INNOVATION** Summe vieler >*Updates*.

**INTERFACE** Eingabegerät, meist eine grafische >*Nutzeroberfläche*.

**INTERAKTIV** Bevorzugter Modus des >*Smart Home*. Es reagiert auf >*Steuerung* (meistens zumindest) und gibt >*Feedback* an die >*User*.

**INSTAGRAM** Soziales Netzwerk zum Teilen und Kommentieren von Bildern. Entscheidend für >*Follower* und >*Likes*.

**INTERNET** Verknüpfung der meisten Rechner des Planeten. Eine der größten Kulturleistungen der Menschheit. Vormals Leuchtturm der Demokratie und der Freiheit, inzwischen zur >*24/7*-Überwachung missbraucht.

**IOT** Das Internet of Things, vernetzt vormals unabhängige Geräte (>*Stand-alone*) zum >*Smart Home*.

KI Künstliche Intelligenz. Beschönigende Bezeichnung für mehr oder weniger gut programmierte >*Algorithmen*, die auf Unmengen von Daten und Profilen zurückgreifen und laufend >*Updates* benötigen, um mehr oder weniger >*Sicherheit* der >*Daten* zu gewährleisten.

KINGSIZE Steigerung des 140-Zentimeter-Queensize-Betts. Satte zwei Meter breit.

KOMFORT Schlüsselbegriff des Smart Home. Laut einer repräsentativen Umfrage versprechen sich 72 Prozent der >*Nutzer* „mehr Komfort und Lebensqualität" >*Convenience*.

KOMPATIBILITÄT Garantiert, dass sich >*Betriebssysteme*, >*Programme* und >*Mobilgeräte* verschiedenster Hersteller verstehen.

LADEKABEL Verbindung von >*Mobilgeräten* zum Stromnetz. Eine Art besserer >*Akku*.

LIEFERDIENSTE (FOODORA, LIEFERANDO UND CO.) Rettung bei Heißhungerattacken im Büro, im >*Homeoffice* oder am >*Co-Working*-Arbeitsplatz. Boten sind meist schlecht bezahlte Menschen auf einem >*E-Bike*. Baut auf >*Convenience* der Nutzerinnen und Nutzer.

LIFEHACK >*Wikipedia*: „Hacks, die sich auf Unwägbarkeiten, Strategien oder Tätigkeiten des Lebens beziehen". Clevere Abkürzung, geniale Vereinfachung im >*Internet*.

LED Die Light Emitting Diode (eigentlich ein Halbleiter) sollte den Energieverbrauch der alten Glühbirnen senken. Das tat sie auch. Allerdings wird der Effekt oft dadurch egalisiert, dass einfach mehr Leuchten länger brennen. Perfekt zu steuern mit inzwischen hervorragender Farbwiedergabe >*OLED*.

LIKES Zustimmung zu fremden Beiträgen in >*sozialen* Plattformen, eigentlich Währung vernetzter Menschen, zusammen mit der Zahl von >*Followern*.

MASTERBEDROOM Aus dem Amerikanischen eingebürgerte Bezeichnung für das heimische Schlafzimmer. Insinuiert, dass es noch mehrere andere Gästeschlafzimmer gibt.

MOBILGERÄTE Sammelbezeichnung für >*Handy*, >*Pad* und >*Notebook*. Nutzt grafische Nutzeroberflächen zur Steuerung.

NERD Liebevolle, manchmal auch pejorative Bezeichnung für meist (junge) Männer (seltener Frauen), die sich genauestens in ihren Spezialgebieten (meist technisch) und >*Programmen* auskennen und etwas Lebensklugheit vermissen lassen, >*Early Adopter*. Expertinnen und Experten für >*Smart Home*.

NETFLIX Streaming-Anbieter von Filmen und TV-Serien, der in vielen Haushalten das starre Fernsehen abgelöst hat. Ermöglicht das zeitversetzte,individuelle Konsumieren ganzer Staffeln in einer Sitzung (>*Binge-Watching*).

NETZ >*Internet*

NOTEBOOK Auch Laptop: tragbare Computer im Gegensatz zum Desktop.

NUTZEROBERFLÄCHE >*interaktive* grafische Oberfläche von >*Mobilgeräten*, die uns die >*Steuerung* des >*Smart Home* erlaubt, inzwischen ergänzt durch >*Sprachsteuerung* und >*Gestensteuerung*.

OLED Die Organic Light Emitting Diode ist ideal für Flächenbeleuchtung und wird für viele Bildschirme in >*Mobilgeräten* verwendet. Ergänzung zu >*LED*.

ONLINESHOPPING Moderne Form des Einkaufs >*24/7*.

PASSWORT Persönliches Kennwort, das minimalen Schutz vor unberechtigtem Zugang zu >*Accounts*, >*sozialen Netzwerken*, >*Online-Banking* und -Shopping bietet. Das Problem: >*1234* ist leicht zu merken, alles andere leicht zu vergessen. Wirft ein Schlaglicht auf das Feld >*Sicherheit*.

PACKSTATION Externer Riesen-Briefkasten für Pakete und andere Lieferungen, die sonst bei den Nachbarn landen oder womöglich zurückgehen.

PAD Großes >*Handy*, ideal für Filmabende >*Binge-Watching*.

PLATTFORMÖKONOMIE Organisationsform im Internet, bei dem einzelne Unternehmen ganze Sparten dominieren (Oligopol), mit negativen Auswirkungen für den Wettbewerb. Oft >*convenient* für die Nutzerinnen und Nutzer.

**POSTEN** >*Teilen*

**PROGRAMME** Sprache der >*Computer* und damit Basis für >*KI*, >*Smart Home*, >*Internet* und den Rest der digitalen Welt.

**QUEENSIZE** 140-Zentimeter-Bett, inzwischen abgelöst durch das zwei Meter breite >*Kingsize*.

**REMOTE** Die gute alte Fernbedienung im digitalen Gewand. >*Funktionen* des >*Smart Home* lassen sich von überall steuern. Das ist bequem >*convenient*, womöglich aber auch eine Frage der >*Sicherheit*.

**RFID** Radio Frequency Identification. Funkchip in Geräten, der unter anderem den Standort mitteilt.

**ROUTER** Telefonzentrale für die eigenen vier Wände. Quelle von >*WLAN* und Verzweiflungsausbrüchen, wenn sie ausfällt.

**SCHREBERGARTEN** Kleingarten-Parzelle zur Erholung und zum Obst-, Blumen- und Gemüseanbau in der Stadt. Früher Zeichen der Spießbürger und gefürchtet für die strenge Kleingartenordnung. Inzwischen sehr angesagt bei jungen Familien. Regionale Bezeichnungen: Beunde, Bünt, Datsche oder Pünt. >*Urban Gardening*.

**SERVER** Datenfarmen an oft entlegenen Orten der Welt. Von wegen „Diener"! – gefühlte Herrscher des >*Internets*, die >*Programme* zum >*Download* zur Verfügung stellen, und diverse Dienstleistungen der >*Plattformökonomie* erst ermöglichen.

**SERVICED APARTMENTS** Zwitter zwischen Hotel und Wohnung, bietet >*Convenience* bei hoher Individualität.

**SERVICE** >*Convenience*

**SICHERHEIT** Gefühlter oder tatsächlicher Schutz vor einer (angenommenen) Bedrohung. Wird meist durch technische Mittel >*Passwort*, >*Videoüberwachung* gelöst.

**SICHERHEITSKOPIE** Zweitfassung wichtiger Daten, meist auf einer externen Festplatte oder einem Stick. Oft letzte Rettung nach einem >*Absturz*.

**SMART HOME** Bezeichnung für die vernetzte Wohnung und ihre Geräte, die sich extern überwachen und steuern lassen.

**SAUGROBOTER** Selbstständige Staubsauger, die jederzeit >*24/7* in Aktion treten können.

**SOZIALES NETZWERK /SOCIAL MEDIA** Teil der >*Plattformökonomie* des >*Internets*, das auf >*Vernetzung* von Menschen baut und durch Likes und >*Follower* sowie das >*Teilen* von Inhalten zur täglichen Aufgabe der >*User* wird.

**SPRACHSTEUERUNG** Zusammen mit der >*Gestensteuerung* bequeme >*Convenience* Form der >*Steuerung* des >*Smart Home*.

**STAND-ALONE-LÖSUNG** Autonome Insellösungen, Gegenteil von >*Vernetzung*. Aus der Mode gekommen.

**STECKDOSE** Analoge Form des >*Akkus*. Zusammen mit dem Verlängerungskabel ein notwendiges Übel.

**SLEEP-ANALYZER** Gerät, das Schlaftiefe und -länge überwacht und selbst den Schlaf noch optimieren hilft.

**SMART SWITCH** „Intelligenter" Lichtschalter, der Lichtsteuerung (dimmen, Lichtfarben, Szenarien etc.) ermöglicht und zu einem Teil des >*IoT* macht, braucht als Gegenstück eine „Smart Bulb".

**STREAMING** Nachfolger von Videotheken und >*TV*-Programm: Videos und andere Inhalte werden nicht mehr auf der eigenen Festplatte gespeichert, sondern können jederzeit >*24/7* abgerufen werden.

**SUCHMASCHINE** Virtueller Katalog des >*Internets*, macht verstreuten >*Content* auffindbar.

**TEILEN** Inhalte im >*Internet* anderen zugänglich machen.

**THREAD** Angesagter Funkstandard, der angeblich besonders batterieschonend arbeitet, basierend auf dem Protokoll IPv6. Mitbewerber sind Zigbee oder Z-Wave.

**TOPPER** Auflage über der eigentlichen Matratze. Verspricht mehr >*Komfort*.

**TV** Veraltet, mit linearem Fernsehen verbunden.

UPDATE Teil der >*Plattformökonomie* des >*Internets*, das die beste aller möglichen Welten mit der jeweils nächsten Version einer Software verspricht. Für die >*User* meist verpflichtend, um einen gewissen >*Sicherheitsstandard* zu gewährleisten.

URBAN GARDENING Gartenbau in der Stadt, oft an unmöglichen Orten. Mit viel Liebe gestaltete Kleingärten, kleine Schwester des alten >*Schrebergartens*, der inzwischen eine Renaissance erfährt.

USER Die ganz normalen Nutzerinnen und Nutzer technischer Geräte und Dienstleistungen. Wollen >*Convenience*, manchmal auch um >*Sicherheit* ihrer >*Daten* besorgt >*Update*.

VERNETZUNG Beziehungsnetz und Grundmuster moderner Gesellschaften, perfektioniert im >*Internet* und >*sozialen Netzwerken*.

VIDEOÜBERWACHUNG Beginnt meist schon im Kinderzimmer. Eventuell leicht zu >*hacken*. Gibt gefühlte >*Sicherheit*.

VIRTUELL Für die ältere Generation noch das Gegenteil von analog, inzwischen aber über Formen der >*Augmented Reality* nicht mehr klar von der realen Umgebung abzugrenzen.

VR Virtual Reality, künstliche Welten, in denen frau/man über >*Gadgets* eintauchen kann; große Schwester der >*Augmented Reality*.

WERBUNG Teil des Geschäftsmodells der >*Plattformökonomie*, >*User* „bezahlen" mit ihren >*Daten* für „kostenlose" Inhalte >*Cookies*.

WIFI Umgangssprachlich drahtloses Netzwerk. Eigentlich Firmenbezeichnung für >*WLAN*-Geräte auf Basis des IEEE 802.11-Standards. Weil sich das keiner merken konnte, schuf eine Markenberatung den einprägsamen Kunstnamen in Anlehnung an HiFi.

WIKIPEDIA Digitale Weiterentwicklung von Brockhaus & Co, erspart Kilo an Büchern, die schnell veralten. Gesammeltes Weltwissen. Vorteil: Jede/r kann daran mitwirken. Nachteil: Jede/r kann daran mitwirken.

WLAN Datenübertragung per Funk (in der eigenen Wohnung oder öffentlichen Orten). Meistens geschützt durch ein >*Passwort*.

WOHNNOMADEN Verzicht auf eigene Wohnung, Form der Reduktion, >*Couchsurfing*.

WOHNEN 4.0 Moderne >*Wohngemeinschaften*. Nutzen meist Elemente von >*Smart Home*.

WOHNGEMEINSCHAFT Verschiedene Menschen teilen sich eine Wohnung, früher bekannt als Studenten-WG.

ZUGANG Eintritt ins >*Internet*. Für viele gleichbedeutend mit Glück, da >*Vernetzung* soziale Teilhabe verspricht >*soziale Netzwerke*.

ZUGRIFFSRECHTE Festlegung, wer was bei >*Programmen* und >*Netzwerken* darf. Vorrangige >*Leistung* von >*Administratoren*.

# Wer hat Wohneigentum in Europa?

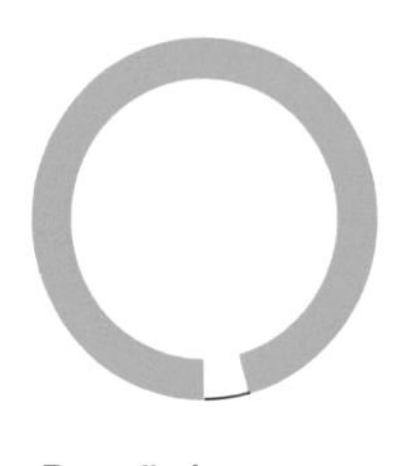

*Rumänien*
95,8 %

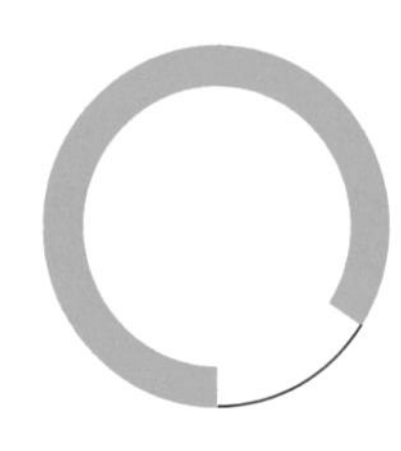

*Polen*
84,2 %

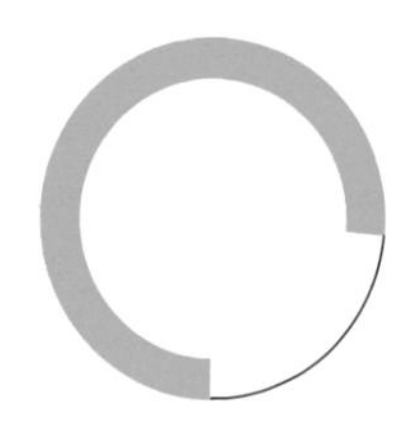

*Spanien*
76,2 %

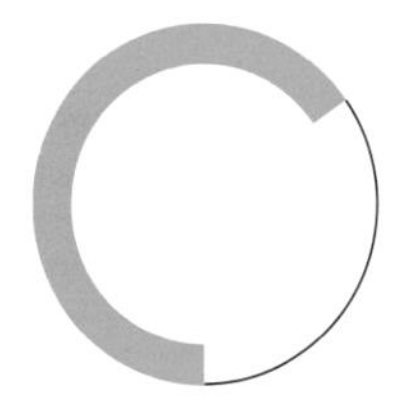

*United Kingdom*
65,2 %

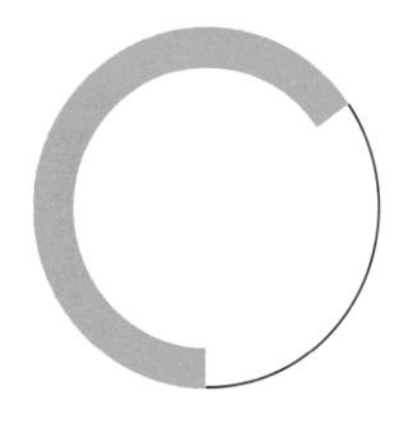

*Frankreich*
65,1 %

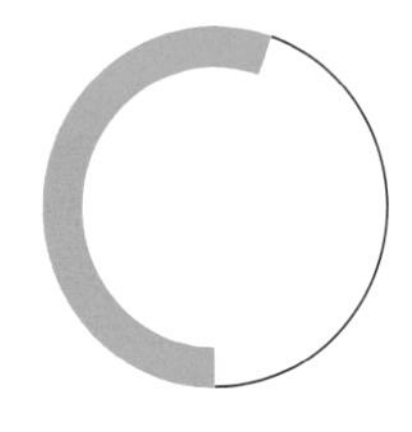

*Österreich*
55,2 %

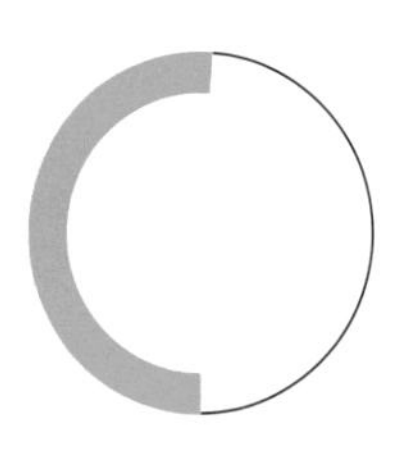

*Deutschland*
51,1 %

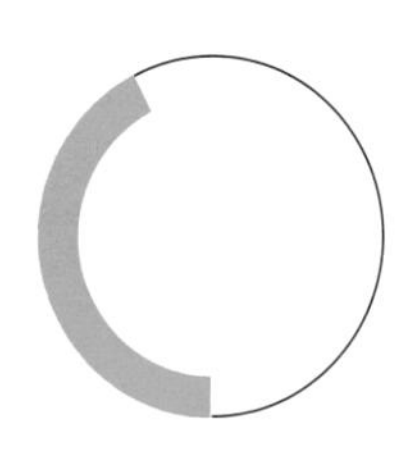

*Schweiz*
42,5 %

# Anhang

## DANK

Dieses Buch wuchs aus der SZ-Serie „Wie wir wohnen". Großer Dank an Marianne Körber und Andreas Remien sowie an das Team des Birkhäuser Verlags, insbesondere an Dr. Ulrich Schmidt, Ulrike Ruh, Baharak Tajbakhsh und Katharina Kulke, sowie an die Gestalter des „Studio für Gestaltung" (Köln/Berlin). Ohne die Unterstützung von COR wäre Home Smart Home niemals veröffentlicht worden. Danke, Leo Lübke!

## QUELLEN


ÄRZTEBLATT
Gross, Werner:
*Messie-Syndrom: Löcher in der Seele stopfen.*
PP 1, Ausgabe September 2002, S. 419.

ALLGEMEINE HOTEL- UND
GASTRONOMIE-ZEITUNG
ahgz.de/hoteldesign/news/wir-werden-sehr-viel-flexibler-leben-264126

AMK
Arbeitsgemeinschaft Die Moderne Küche e.V. (AMK): *Küchentrends 2021.* AMK, 4.2.2021.
amk.de/pressemeldung/kuechentrends-2021/

ARD/ZDF
ard-zdf-onlinestudie.de/files/2020/0920_Beisch_Schaefer.pdf

AUSTRIA REAL GMBH
justimmo-websites.s3.eu-central-1.amazonaws.com/551d18b8cb24ed0cccea76b03d73cef-de05cd76a/source

BAYERISCHE VERFASSUNG
bayerische-verfassung.de/artikel-151-bis-177/#Art_161

BITKOM
Klöß, Sebastian; Gentemann, Lukas:
*Das intelligente Zuhause: Smart Home 2020.*
Ein Bitkom-Studienbericht, September 2020.

BUNDESINSTITUT FÜR
BEVÖLKERUNGSFORSCHUNG
bib.bund.de/DE/Service/Presse/2013/2013-07-Pro-Kopf-Wohnflaeche-erreicht-mit-45-m2-neuen-Hoechstwert.html;jsessionid=EFAF6F455E10D-27B55A9FFC722CA90D4.2_cid389

BUNDESZENTRALE FÜR
POLITISCHE BILDUNG
Hasse, Jürgen:
*Was bedeutet es, zu wohnen?*
Bundeszentrale für Politische Bildung, 15.6.2018.

BUNDESBAUBLATT
bundesbaublatt.de/artikel/bbb_Klein_kleiner_mikro_1987397.html

BUNDESINSTITUT FÜR BAU-, STADT-
UND RAUMFORSCHUNG
bbsr.bund.de/BBSR/DE/FP/ReFo/Staedtebau/2017/kleingaerten/03-ergebnisse.html

BUNDESMINISTERIUM FÜR
ERNÄHRUNG UND LANDWIRTSCHAFT
ernaehrungsvorsorge.de/private-vorsorge/notvorrat/vorratskalkulator/

BUNDESVERBAND DIGITALE
WIRTSCHAFT (BVDW) E.V.
Studie: *Mehrheit der deutschen Angestellten wünscht sich wegen des Corona-Virus Home-Office.* Mehrzahl der Arbeitgeber wäre dazu technisch in der Lage. bvdw.org/der-bvdw/news/detail/artikel/bvdw-studie-mehrheit-der-deutschen-angestellten-wuenscht-sich-wegen-des-corona-virus-home-office-m/

BUSINESS INSIDER
Rudnick, Hendrikje:
*Weltweite Stepstone-Studie:* 90 Prozent der Arbeitnehmer wollen weiterhin mobil arbeiten. Business Insider, 31.3.2021.

COMPUTERBILD
Plass-Fleßenkämper, Benedikt; Bauer, Manuel:
*Alexa-Panne: Amazon Echo bestellt Puppenhäuser.* Computerbild, 9.1.2017.

ETAILMENT
Kolbrück, Olaf:
Künstliche Intelligenz: *Pleiten, Pech und Pannen.* Etailment, 16.12.2019. etailment.de/news/stories/KI-Pannen-Adidas-Alexa-22386

FRANKFURTER ALLGEMEINE ZEITUNG
Dettweiler, Marco:
*Heiß und trendig.* So sieht die moderne Küche aus. Corona schickt die Menschen zurück an den Herd. Das hat zur Folge, dass viele ihre Küche neu einrichten. Die Nachfrage nach Geräten ist zurzeit enorm. Falls Sie noch nicht bestellt haben: Wir helfen und zeigen Ihnen, was momentan in der Küche so angesagt ist. Frankfurter Allgemeine Zeitung, 10.5.2021.
Fehr, Mark:
*Fünf ernüchternde Fakten zum Mieten, Kaufen und Wohnen.* Vier Millionen Deutsche träumen von einem Eigenheim. Doch ein Blick auf die nackten Zahlen zeigt, das der Traum sich für viele nicht erfüllen wird. Ein kleiner Trost: Mieten hat auch Vorteile. Frankfurter Allgemeine Zeitung, 17.5.2021.

Holzer, Boris:
*Die Logik des guten Geschmacks.* Intellektuelle schauen Serien und hören Rap. Aber elitär muss es sein. Frankfurter Allgemeine Sonntagszeitung, 1.8.2021.

Maak, Niklas:
*Häuser für eine andere Welt.* In der Schweiz revolutionieren junge Büros wie Duplex Architekten mit aufsehenerregenden Wohnexperimenten unsere Vorstellung von der Zukunft der Stadt. Wie könnte die aussehen? Frankfurter Allgemeine Zeitung, 21.6.2021.

Rampe Henrik:
*WG für Berufstätige: Mehr als ein Zweckbündnis.* Nicht nur Studis, auch immer mehr Menschen jenseits der dreißig ziehen in WGs. Was treibt Professorinnen und Familienväter dazu, sich mit anderen Kühlschrank und Putzdienst zu teilen? Frankfurter Allgemeine Zeitung, 9.6.2021.

*Sehnsucht nach dem Büro.* Meldung. Frankfurter Allgemeine Zeitung, 10.4.2021, S. C1. Dort Hinweis auf Umfrage des Stellenportals „Stepstone".

*So viel geht in Großstädten vom Gehalt für die Miete drauf.* Neue Studie. Jeder achte deutsche Großstadthaushalt gibt mehr als die Hälfte seines Einkommens für die Miete aus. Doch die Lage hat sich zuletzt gebessert. Frankfurter Allgemeine Zeitung, 15.6.2021.

FOCUS

Farwer, Lukas:
*Lebensdauer einer Küche - alle Infos zur Haltbarkeit.* Focus online, 30.11.2017.

GLOBENEWSWIRE

globenewswire.com/en/news-release/2014/01/30/924112/0/en/New-Report-on-Luxury-Buying-Spotlights-Cities-and-Customer-Segments.html

HANNOVERSCHE ALLGEMEINE ZEITUNG

Fröhlich, Sonja:
*Warum Erwachsene lieber in eine WG ziehen.* Hannoversche Allgemeine Zeitung, 3.4.2016.

HANS-BÖCKLER-STIFTUNG

boeckler.de/de/boeckler-impuls-unbezahlbare-mieten-4100.htm

INSTYLE

*Wer seine Wohnung früh weihnachtlich dekoriert, ist glücklicher.* Instyle 2018

PROF. DR. STEFAN KOFNER

Kofner, Stefan: *Übers Wohnen.* http://hogareal.de/html/ubers_wohnen.html

KONRAD-ADENAUER-STIFTUNG

Schneider, Hans Dietmar; Hoffmann, Elisabeth: *Familienförderung durch Wohneigentum.* Kindern ein Zuhause geben. Konrad-Adenauer-Stiftung e. V., Sankt Augustin/Berlin, 2018.

MALISA STIFTUNG

*Weibliche Selbstinszenierung in den neuen Medien.* Ergebnisse einer Studienreihe, präsentiert von der MaLisa Stiftung Januar 2019.

MICROSOFT

Spataro Jared: *2 years of digital transformation in 2 months.* Microsoft, 30.4.2020.

MKG HAMBURG

mkg-hamburg.de/de/ausstellungen/archiv/2021/together.html

NDR

ndr.de/kultur/Revival-der-Zimmerpflanzen/zimmerpflanzen168.html

ndr.de/ratgeber/garten/zimmerpflanzen/Bogenhanf-Robuste-Zimmerpflanze-im-Retro-Look/bogenhanf102.html

NTV

*Album ohne Vorankündigung. Beyoncé landet Coup.*, ntv, 13.12.2013.

SPARKASSE MAINZ

Hörner, Daniel:
*So wohnen wir.*
Sparkasse Mainz, 26.11.2019:

STATISTA

Ahrens Sandra:
*Wie häufig wird in Ihrem Haushalt gekocht?* Umfrage zur Häufigkeit des Kochens in Deutschland 2021, durchgeführt bei rund 1000 Befragten. Statista, 20.5.2021.

Graefe, Lena:
*Für welche Zwecke nutzt Ihr Unternehmen Serviced Apartments?* Umfrage unter Unternehmen weltweit zur Nutzung von Serviced Apartments bis 2019. Statista, 7.1.2021.

Graefe, Lena:
*Statistiken zum Reiseverhalten der Deutschen.* Statista, 12.7.21.

Hohmann, M.:
*Statistiken zu Küchenmöbeln in Deutschland.* Statista, 9.6.2021.
Hohmann, M.:
*Umsatz der deutschen Küchenindustrie in den Jahren 2008 bis 2020.* Statista, 16.4.2021.
Holst, Arne:
*Number of IoT connected devices worldwide 2019–2030.* Statista, 20.1.2021.
Statista Research Department:
*Wohneigentumsquote in ausgewählten Ländern Europas 2019.* Statista, 15.12.2020.
Statista Research Department:
*Aussagen zum Stellenwert der Küche in der Wohnung.* Statista, 30.8.2008.

STIFTUNG WARENTEST
*Selfstorage. So schaffen Sie schnell mal Platz.* Stiftung Warentest, 10.9.2014.

SÜDDEUTSCHE ZEITUNG
Hurtz, Simon:
*Google will Antworten geben, bevor jemand Fragen stellt.* Süddeutsche Zeitung, 24.10.2018.
Matzig, Gerhard:
*Wohnen: Über Garagen und was darin zu finden ist.* Süddeutsche Zeitung, 2.4.2021.
Neidhart, Christoph:
*Warum Japaner Autos mieten - und nirgends damit hinfahren.* Süddeutsche Zeitung, 10.7.2019.
*Verlängertes Wohnzimmer.* Eine neue Service-Idee erobert deutsche Metropolen. Mit Miet-Boxen zur Einlagerung von Hausrat, Hobby-Ausrüstung, Umzugsgut oder Archivmaterialien erzielen clevere Anbieter schon heute Millionenumsätze. Süddeutsche Zeitung, 10.5.2020.

SWR
Haung, Julia:
*Radikal anders wohnen – Leben in Bauhaus-Architektur.* SWR2, 29.6.2020.

TAZ
Dribbisch, Barbara; Beucker, Pascal:
*Rückzug aufs Hochbett.* Die Mietpreise in den Ballungszentren steigen. Deshalb drängen sich dort immer mehr Familien in einer zu kleinen Wohnung. taz, 11.6.2014.
Palmer, Georgia:
*Die Revolte der neuen Dienstboten.* FahrerInnen unter Druck, Profite streichen andere ein. Es regt sich Widerstand gegen die Arbeitsbedingungen bei Lieferdiensten wie Foodora.

TOPHOTEL
tophotel.de/auswirkungen-der-krise-und-zukunfts-prognosemarktreport-serviced-apartments-2021-veroeffentlicht-97262/

UNITED NATIONS POPULATION DIVISION
*World Urbanization Prospects:* 2018 Revision: Urban population (% of total population). United Nations Population Division.

UNIVERSITÄT HOHENHEIM
Elsner, Dorothea:
*Macht Wohneigentum glücklich?,* Studie der Universität Hohenheim, 5.5.2015.

VISIT DENMARK
visitdenmark.de/daenemark/erlebnisse/hygge

DIE WELT
Bude, Heinz:
*Prolegomena zu einer Soziologie der Party.* Die Welt, 23.11.2015.

WORLDBANK
data.worldbank.org/indicator/sp.pop.grow

DIE ZEIT
Augustin, Kersten; Friedrichs, Julia:
*Wird erledigt. Ein Mietshaus in Berlin.* Servicekräfte huschen rein und raus. Hier erzählen sie, was sie wirklich von ihren Jobs und ihren Auftraggebern halten. Die Zeit, 3.11.2016.

LITERATUR


Benjamin, Walter:
*Das Passagen-Werk. Band 1*,
Frankfurt am Main, 1982.

Dell, Christopher:
*Ware: Wohnen. Politik. Ökonomie. Städtebau.*
Berlin, 2013.

Espedal, Thomas:
*Biographie, Tagebuch, Briefe.*
Berlin, 2017.

Faller, Peter:
*Der Wohngrundriss.* Untersuchung
im Auftrag der Wüstenrot Stiftung.
München, 2002.

Fischer, Volker; Hamilton, Anne (Hrsg.):
*Theorien der Gestaltung.*
*Grundlagentexte zum Design. Band 1.*
Frankfurt am Main, 1999.

Grunwald, Armin; Hartlieb, Justus von (Hrsg):
*Ist Technik die Zukunft der menschlichen Natur?*
Hannover, 2012.

Häußermann, Hartmut; Siebel, Walter:
*Soziologie des Wohnens. Eine Einführung in Wandel und Ausdifferenzierung des Wohnens.*
München, 1996.

Herwig, Oliver:
*Universal Design. Lösungen für*
*einen barrierefreien Alltag.*
Basel, 2008. degruyter.com/document/doi/10.1515/9783034609678/html

Hubeli, Ernst:
*Die neue Krise der Städte.*
*Zur Wohnungsfrage im 21. Jahrhundert.*
Zürich, 2020.

Küstenmacher, Werner; Seiwert, Lothar J.:
*Simplify your Life. Einfacher und glücklicher leben.*
Frankfurt am Main, 2004.

Lampugnani, Vittorio Magnago:
*Die Stadt im 20. Jahrhundert.*
*Visionen, Entwürfe, Gebautes.*
Berlin, 2010.

Loos, Adolf:
*Die moderne Siedlung*, 1926.
In: Loos, Adolf: *Sämtliche Schriften in zwei Bänden – Erster Band,* herausgegeben von Franz Glück, Wien, 1962. S. 402–428. Zitiert nach Wikisource:
de.wikisource.org/wiki/Die_moderne_Siedlung#Anmerkungen_des_Herausgebers

Montenegro, Riccardo:
*Enzyklopädie der Wohnkultur.*
*Von der Antike bis zur Gegenwart.*
Köln, 1997.

Müller-Doohm, Stefan:
*Die kulturelle Kodierung des Schlafens oder:*
*Wovon das Schlafzimmer ein Zeichen ist.*
Soziale Welt, Nr. 1, Jg. 47, 1996. S. 110–122.
uol.de/stefan-mueller-doohm/publikationen

Müller-Doohm, Stefan; Jung, Thomas:
*Kultur und Natur im Schlafraum.*
In: Stefan Müller-Doohm und Klaus Neumann-Braun (Hrsg.): *Kulturinszenierungen.*
Frankfurt am Main, 1995. S. 239–262.

Müller-Doohm, Stefan;
Jung, Thomas; Vogt, Ludgera:
*Wovon das Schlafzimmer ein Zeichen ist.*
Text- und Bildanalysen von Schlafraumkultur im Werbemedium. In: Hans A. Hartmann und Rolf Haubl (Hrsg.): *Bilderflut und Sprachmagie. Fallstudien zur Kultur der Werbung,* Opladen, 1992. S. 245–266.

Schmidt, Eric; Cohen, Jared:
*Die Vernetzung der Welt. Ein Blick in unsere Zukunft.*
Hamburg, 2013.

Schütte-Lihotzky, Margarete:
*Rationalisierung im Haushalt,* 1926.
In: Volker Fischer und Anne Hamilton (Hrsg.): *Theorien der Gestaltung. Grundlagentexte zum Design. Band 1.* Frankfurt am Main, 1999. S. 169–172.
Ursprünglich erschienen in: *Das neue Frankfurt, Heft 5, 1927.*

Seidel, Florian:
*New small apartments.*
Köln, 2008.

Riley, Terence:
*The Un-Private House.* Museum of Modern Art, New York City, 1999.

Rötzer, Florian:
*Sein und Wohnen.* Philosophische Streifzüge zur Geschichte und Bedeutung des Wohnens. Frankfurt am Main, 2020.

Trentmann, Frank:
*Herrschaft der Dinge.* Die Geschichte des Konsums vom 15. Jahrhundert bis heute. München, 2016.

Together! Die Neue Architektur der Gemeinschaft: Herausgegeben von Mateo Kries, Mathias Müller, Daniel Niggli, Andreas Ruby, Ilka Ruby. Vitra Design Museum, Weil am Rhein, 2017.

Vogel, Hans-Jochen:
*Mehr Gerechtigkeit!*
Wir brauchen eine neue Bodenordnung – nur dann wird auch Wohnen wieder bezahlbar. Freiburg im Breisgau, 2019.

BEITRÄGE OLIVER HERWIG

*Mit Schirm, ohne Charme.*
Die Diele war einst der Ort, an dem Gäste empfangen wurden. Dann wurde sie kleiner und kleiner und verkam schließlich zur funktionalen Resterampe. (Wie wir wohnen). Süddeutsche Zeitung, 28.10.2016.

*Zelle, Grotte, Wellness-Tempel.*
Die Wanne spielt Musik, LED-Lampen simulieren Sonnenaufgänge, das Smartphone steuert die Massagedüse. Das Badezimmer hat einen fulminanten Wandel hinter sich. Einst funktionale „Nasszelle", soll es heute eine kleine Erlebniswelt sein. Dahinter stecken auch andere Vorstellungen von Intimität. (Wie wir wohnen). Süddeutsche Zeitung, 16.9.2016.

*Abschied von der guten Stube.*
Das klassische Wohnzimmer ist tot. Heute hat der Raum viele Funktionen: Spielplatz, Restaurant, Fußballtribüne. (Wie wir wohnen). Süddeutsche Zeitung, 8.7.2016.

*Eigernordwand in Furnier.*
Mächtige Schrankwände dominierten jahrzehntelang die deutschen Wohnzimmer. Dort sind sie mittlerweile meist verschwunden. Doch im Schlafzimmer wird der Schrank nach wie vor gebraucht, gerne in Modulbauweise. Die seltsame Karriere eines Möbelstücks. Süddeutsche Zeitung, 24.3.2017.

*Chaos im Kinderzimmer.*
Bärchen, Puppen, Hightech: Für die Kleinen ist die ganze Wohnung eine Spielwiese. Wie schafft man es, trotzdem Ordnung zu halten? Tipps von SZ-Autorinnen und -Autoren. Süddeutsche Zeitung, 10./11.7.2021.

*Das Ende der Privatheit.*
Von der Bettstatt zur öffentlichen Kuschellandschaft: Das Schlafzimmer macht eine zwiespältige Karriere. Kaum steigt es auf zum zentralen Repräsentationsraum, muss es sich vor der Effizienz der Online-Kultur schützen. Sind wir hier noch zu Hause? Süddeutsche Zeitung, 30.9.2016.

*Bettgeschichten.*
Matratzen sind plötzlich hip und werden per Konfigurator im Internet bestellt. Auch die Auswahl an Betten ist so groß wie nie zuvor. Besser schlafen können viele Kunden trotzdem nicht. Süddeutsche Zeitung, 23.12.2016.

*Draußen vor der Tür.*
Von der Auto- zur Outdoor-Gesellschaft: Warum wir Balkone und Terrassen vermöbeln. Süddeutsche Zeitung, 19.8.2016.

*Mit Kürbis und Hortensie trotzen wir dem Chaos.*
In Zeiten globaler Unglücksmeldungen wird der Schrebergarten zur letzten gesamtgesellschaftlichen Utopie. Neue Zürcher Zeitung, 26.9.2016.

*Freiheit im Untergrund.*
Der Partykeller gehörte einst zur Grundausstattung des Eigenheims, dann spielte er plötzlich keine Rolle mehr – warum eigentlich? Eine Spurensuche. Süddeutsche Zeitung, 11./12.1.2020.

*Keller und Dachboden werden edel.*
Wäsche waschen, Kartoffeln lagern und Partys feiern, das war einmal. Heute wird jeder Raum genutzt – schade, finden einige. Süddeutsche Zeitung, 29.7.2016.

*Ein schöner Schrein.*
Vom Stall zum Stellplatz direkt neben dem Sofa: Die Garage hat sich zum Prestigeobjekt gewandelt. Doch es gibt eine starke Gegenbewegung. Süddeutsche Zeitung, 30.12.2016.

*Die Welt nach Corona.*
Wer schützt das Home vor dem Office? Frankfurter Rundschau, 9.6.2020.

*Die Weißenhofsiedlung in Stuttgart.*
Vor 100 Jahren revolutionierte das Neue Bauen unser Leben. Hoch über Stuttgart thront noch immer die Weißenhofsiedlung. Ein Bericht über die wohl schönste Flachdachsiedlung Deutschlands. Architare, 2020.

*Hotelification oder das leichte Leben.*
Warum wir im Alltag so leben wollen wie im Urlaub. Über den Wunsch nach Einfachheit und Rundumservice, der in vielen Wohnungen abzulesen ist. Lifeathome, 13.11.2018.

*Sucht und Ordnung.*
Besitz belastet, heißt die Diagnose von Soziologen und Psychotherapeuten. Doch was können wir tun, wenn sich immer mehr Dinge ansammeln? Ein Streifzug durch Unterbettkommoden und Bundesordner, Aufräumhelfer und Self-Storage-Einheiten. Über den Sinn von Ordnungssystemen. Lifeathome, 18.9.2018.

*Together! Chancen neuer Typologien im Wohnungsbau.*
Was heißt heute eigentlich Gemeinschaft? Und warum ist sie überhaupt eine gestalterische Aufgabe? KAP Forum, 2021.

*Zusammenhalten.*
Die neue Architektur der Gemeinschaft. Interview.

*Ware Wohnen oder das wahre Wohnen: Wem gehört die Stadt?*
Frankfurter Rundschau, 19.8.2020.

*Lob des Zwischenraums.*
Essay. Transformational Buildings, 2021.

Lektorat: Ulrich Schmidt
Projektkoordination: Baharak Tajbakhsh, Katharina Kulke
Herstellung: Heike Strempel
Layout, Covergestaltung & Satz: Studio für Gestaltung, Köln, Chan Sperle
Illustrationen: Studio für Gestaltung, Köln, Chan Sperle, Dominik Kirgus
Infografiken: Studio für Gestaltung, Köln, Maja Grass
Druck: Eberl & Koesel GmbH & Co. KG, Altusried-Krugzell
Papier: Amber Graphic 120 g/m²

Library of Congress Control Number: 2022931704
Bibliografische Information der Deutschen Nationalbibliothek: Die Deutsche Nationalbibliothek verzeichnet diese Publikation in der Deutschen Nationalbibliografie; detaillierte bibliografische Daten sind im Internet über http://dnb.dnb.de abrufbar.

ISBN 978-3-0356-2442-7
e-ISBN (PDF) 978-3-0356-2444-1
Englisch Print-ISBN 978-3-0356-2443-4

Postfach 44, 4009 Basel, Schweiz
Ein Unternehmen der Walter de Gruyter GmbH, Berlin/Boston
9 8 7 6 5 4 3 2 1
www.birkhauser.com

Mit freundlicher Unterstützung von: COR